ARNOLD KITZMANN

Assessment Center

Praxis:
Führen und entscheiden

Herausgeber:

Professor Dr. Peter G. Durniok, Bielefeld
Professor Hermann Lauer, Saarbrücken
Professor Dr. Hans-Jürgen Seemann, Ludwigshafen
Professor Dr. Dieter Zimmer, Saarbrücken

ARNOLD KITZMANN

Assessment Center

Personalauswahl und Personalführung

Bayerische Verlagsanstalt Bamberg

CIP-Titelaufnahme der Deutschen Bibliothek

Kitzmann, Arnold:
Assessment center : Personalausw. u. Personalführung /
Arnold Kitzmann. – 2. Aufl. – Bamberg : Bayer. Verl.-Anst., 1988
(Praxis: Führen und entscheiden)
1. Aufl. im VWK, Verl. für Wirtschafts- u. Kartographie-Publ.,
Obertshausen bei Frankfurt am Main
ISBN 3-87052-709-9

© 1988, Bayerische Verlagsanstalt GmbH, Bamberg
Umschlag: Klaus Borowietz
Gesamtherstellung: SOV Graphische Betriebe, Bamberg
Printed in Germany
ISSN 0931-2056
ISBN 3-87052-709-9

Inhaltsverzeichnis

Vorwort zur ersten Auflage

Der Unternehmenserfolg hängt in hohem Maß von dem Verhalten und der Qualifikation der Mitarbeiter ab. Die Personalauswahl und Personalförderung gewinnen dabei zunehmend an Bedeutung. Jedes zukunftsorientierte Management wird versuchen, seine Entscheidungsgrundlagen zu verbessern. Mit großem Erfolg wird bei der Auswahl und Förderung von Mitarbeitern in letzter Zeit das Assessment Center (AC) eingesetzt. Ein gutes Assessment Center ist allerdings an bestimmte Voraussetzungen gebunden. Erst dann können die Vorteile gegenüber herkömmlichen Auswahlverfahren voll genutzt werden.

Im vorliegenden Band werden zunächst die herkömmlichen Personalauswahlverfahren dargestellt. Danach wird die Planung und Durchführung eines Assessment Centers beschrieben. Es werden praktische Hinweise für den Aufbau eines eigenen Assessment Centers gegeben. Es wird der Frage nachgegangen, wann und unter welchen Voraussetzungen die Einrichtung eines Assessment Centers sinnvoll ist. Ebenso werden Kritikpunkte diskutiert, die zur Weiterentwicklung des Assessment Centers beitragen könnten.

Das Assessment Center als Instrument zur Personalauswahl und Personalförderung entspricht auch der generellen Tendenz in der Personalentwicklung, nämlich einer stärkeren Beteiligung der Mitarbeiter an Entscheidungsprozessen, einer größeren Transparenz und Nachvollziehbarkeit von Personalmaßnahmen und einer Entwicklung hin zu Fördermaßnahmen, die auf ein lebenslanges Lernen abzielen. Für wichtige Anregungen zu diesem Buch danke ich insbesondere Herrn Prof. Dr. Zimmer.

Münster, im November 1981   *Arnold Kitzmann*

Vorwort zur zweiten Auflage

Das Assessment Center hat sich als Methode zur Personalauswahl und Personalentwicklung immer weiter durchgesetzt.

Die erste Auflage ist seit einiger Zeit vergriffen und so wurde es notwendig, eine neue Auflage vorzubereiten. Einige Kapitel wurden erweitert und überarbeitet. Die praktischen Erfahrungen des Autors bei der Implementierung und Durchführung von Assessment Centern konnten so in diese Arbeit einfließen.

Anliegen dieses Bandes ist es außerdem, Anregungen für die Weiterentwicklung und für zusätzliche Anwendungsgebiete des Assessment Centers zu geben.

Arnold Kitzmann, Januar 1988

1. Die herkömmlichen Auswahlverfahren

1.1. Die Beurteilung der Bewerbungsunterlagen

Die Durchsicht der Bewerbungsunterlagen ist der erste Schritt, um sich einen Eindruck vom Bewerber zu verschaffen. Dabei können bereits wichtige Vorentscheidungen getroffen werden. Gerade in dieser Phase des Auswahlprozesses lohnt sich ein systematisches Vorgehen.

Auch sollte man sich vor Augen halten, welche Eigenschaften der geeignetste Bewerber haben sollte. Hier kann ein vorher angefertigtes **Anforderungsprofil** große Dienste leisten. Ein Anforderungsprofil beschreibt die optimalen Eigenschaften, die ein Bewerber haben sollte.

Woraus bestehen nun die **Bewerbungsunterlagen?** In der Regel findet man folgende Zusammenstellung: Bewerbungsschreiben, Lebenslauf, Schulzeugnisse, Arbeits- und Betriebszeugnisse und ein Lichtbild. In manchen Fällen werden auch Referenzen angegeben. Eine erste Sichtung der Unterlagen kann hier bereits erfolgen. Sind alle Zeugnisse vorhanden? Wie ist das Bewerbungsschreiben verfaßt? Liegen Referenzen vor?

In einem weiteren Schritt erfolgt dann die **Auswertung**. Hier unterscheidet man eine Auswertung nach **formalen** Gesichtspunkten, nach **inhaltlichen** Gesichtspunkten und eine Auswertung auf **Vollständigkeit** der Angaben. Der Bewerber präsentiert sich zunächst mit seinen Bewerbungsunterlagen. Die äußere Aufmachung dieser Unterlagen kann bereits einen ersten Eindruck vom Arbeitsstil des Bewerbers vermitteln. Handelt es sich um Unterlagen, die nachlässig und schnell zusammengestellt wurden oder handelt es sich um Unterlagen, die mit größter Sorgfalt vorbereitet wurden?

Natürlich können hier aus der Sicht des Personalchefs immer nur Vermutungen entstehen. Das Gesamtbild eines Bewerbers formt sich aber aus verschiedenen Einzelaspekten. Auch kann ein Bewerber von einer offenen Stelle relativ kurzfristig gehört haben. Die Zusammenstellung der Unterlagen erfolgt dann in großer Eile. Dies müßte in dem nachfolgenden **Bewerbergespräch** abgeklärt werden. Jemand, der seine Bewerbungsunterlagen mit extremer Sorgfalt in einer übergenauen Form zusammenstellt, wird vermutlich an seinem späteren Arbeitsplatz auch eine ähnliche Arbeitshaltung entwickeln. Vielleicht handelt es sich hier um einen Bewerber, der sich zu sehr im Detail verliert und zu wenig den Blick für das Ganze besitzt.

Es wird natürlich auch stark von der ausgeschriebenen Position abhängen, welche Beurteilungskriterien man heranzieht. Bei einem technischen Zeichner wird man die formalen Aspekte der Bewerbungsunterlagen ganz anders berücksichtigen als bei einem Mitarbeiter im Außendienst.

Gelegentlich kommt es vor, daß sich jemand nur bewirbt, um seinen Marktwert einzuschätzen. Es handelt sich dann nicht um eine ernstgemeinte Bewerbung, der Betreffende möchte nur seine Chancen in einem anderen Unternehmen ausloten. Auch gibt es manchmal gerade bei sehr hochdotierten Positionen Bewerbungen, die in ihrer äußeren Form recht nachlässig zusammengestellt sind. Hierin kann z. B. zum Ausdruck kommen, daß sich der Bewerber für so gut hält, daß er formale Gesichtspunkte vernachlässigt. Dahinter kann eine „Ich-habe-es-nicht-nötig"-Haltung stehen. Zuweilen gibt es Bewerbungsunterlagen, die auf Luxuspapier geschrieben oder mit einer farbigen Tinte verfaßt sind. Hier gibt es Interpretationsmöglichkeiten, die auf Bewerber schließen lassen, die sich gern in den Vordergrund rücken oder aber andererseits eine große Originalität und Unkonventionalität besitzen.

Eine Bewerbung für eine Werbeagentur ist anders einzuschätzen als eine Bewerbung für ein Steuerberatungsbüro.

Die Auswertung der Unterlagen nach dem Gesichtspunkt der Vollständigkeit ist ein weiteres wichtiges Aussagekriterium. Gerade das, was der Bewerber nicht vorlegt, wegläßt oder verheimlicht, läßt wichtige diagnostische Schlüsse zu. Wird der Bewerber bei seiner zukünftigen Arbeitsstelle ähnlich vorgehen, wird er die nötige Offenheit und Fairness seinen zukünftigen Arbeitskollegen gegenüber entwickeln? Wird er die Informationspflicht seinen Mitarbeitern gegenüber erfüllen?

Natürlich wird man stutzig, wenn bestimmte Zeugnisse fehlen. Hier entsteht der Gedanke, daß ein bestimmtes Einzelzeugnis das Gesamtbild der Unterlagen verschlechtern könnte. Deshalb hat es der Bewerber lieber weggelassen. Würde aber gerade nicht hier der Bewerber einen besseren Eindruck vermitteln, wenn er zu seinen teilweisen schlechten Leistungen auch steht?

Beim **Lebenslauf** ist es wichtig, daß alle Zeitangaben lückenlos gemacht wurden. Auch hier kann das Auslassen bestimmter Jahre oder Monate einen wichtigen Aufschluß über den Bewerber geben. Was möchte der Bewerber möglicherweise verheimlichen? Wie möchte er sich darstellen? Wie sieht er sein Idealbild? Was strebt er an? Welche Schwächen sieht er bei sich selbst?

Bei der Durchsicht der Unterlagen sollte man sich Notizen über solche Aspekte machen, die im Bewerbergespräch abzuklären sind. Dabei kann man dann auf die fehlenden Angaben eingehen. Vermutlich schätzt der Bewerber diese Phasen schlechter ein als sie tatsächlich sind.

Auch die **Arbeits- und Betriebszeugnisse** sollten auf Vollständigkeit überprüft werden. Eine sogenannte „Dienstbescheinigung" ist gesetzlich vorgeschrieben. Sie muß Angaben enthalten über Art und Dauer des Dienstverhältnisses. Im zweiten Teil des Zeugnisses werden dann die Führung und die Leistung beurteilt.

Die inhaltliche Auswertung der Unterlagen vermittelt die meisten Informationen über den Bewerber. **Schulzeugnisse** sollten in ihrem Aussagewert nicht überbetont werden. Es ist eine bekannte Tatsache, daß verschiedene Lehrer unterschiedliche Zensuren geben. Auch ist das Zensurenniveau von Schule zu Schule unterschiedlich. So hat man z. B. auch in den verschiedenen Bundesländern verschiedene Zensurenniveaus festgestellt. Darunter leidet die Vergleichbarkeit. Das heißt nicht, daß man die Zensuren insgesamt als wertlos erachten sollte. Der Gesamttrend der Zensuren, z. B. fast nur gute oder fast nur schlechte Zensuren, läßt Tendenzaussagen zu. Auch kann man Begabungs- und Interessenschwerpunkte erkennen. Begabungen im mathematisch-naturwissenschaftlichen Bereich oder im sprachlichen Bereich lassen sich deutlich feststellen. Auch kann man davon ausgehen, daß in den meisten Fällen Interessenschwerpunkt und Leistungsschwerpunkt miteinander übereinstimmen.

Wegen der mangelnden Vergleichbarkeit der verschiedenen Schulzeugnisse gehen Unternehmen dazu über, eine **eigene Leistungsüberprüfung** durchzuführen. Dabei werden Intelligenz- und Wissenstests eingesetzt, um eine gewisse Differenzierung zu erreichen.

Da das Schulsystem eine enorme Anpassungsleistung von Seiten der Schüler erfordert, lassen gute Noten auch auf Lernwilligkeit, Ausdauer und Konzentrationsvermögen schließen. Diesem Anpassungsdruck widersetzen sich aber einzelne Schüler. Sie lassen sich mit ihrer Originalität nur schwer in die bestehenden Strukturen einpassen. Gerade solche Persönlichkeiten aber braucht man für Führungsaufgaben, die stark auf Innovation ausgerichtet sind. In unserer heutigen Gesellschaft, in der sich Technologien und Wissensgebiete ständig verändern, ist eine fortwährende Flexibilität und Originalität erforderlich. Insbesondere Musterschüler versagen häufig im späteren Beruf. Die Musterschüler sind der Prototyp des angepaßten, überfleißigen Unterordnungswilligen. Diese Persönlichkeitszüge sind aber in ihrer extremen Ausprägung im späteren Beruf häufig hinderlich.

Es hat Versuche gegeben, bestimmten Berufen bestimmte Anforderungsprofile zuzuordnen. Leistungsschwerpunkte in bestimmten Fächern sollen aussagekräftig sein für spezifische Berufstätigkeiten. Zweifellos wird in der Schule aber nur ein bestimmter Persönlichkeitsbereich ausgebildet. In erster Linie handelt es sich um kognitive Fähigkeiten. Die gefühlsmäßige Entwicklung der Persönlichkeit wird als Ausbildungsziel in den Schulen erst langsam erkannt. Auch die Kommunikationsfähigkeit als Ausbildungsziel gewinnt in einer Gesellschaft, die zunehmend durch Anonymität bestimmt wird, langsam an Bedeutung. Die Anonymität spiegelt sich in den Kurssystemen mancher Schulen. Der normale Klassenverband ist aufgelöst. Ein kompliziertes Punktsystem soll zwar zu einer größeren Gerechtigkeit beitragen, bewirkt aber eine zunehmende Undurchschaubarkeit. Entscheidende Weichenstellungen im weiteren Bildungsgang des Schülers hängen manchmal von wenigen Kurspunkten ab. Die verantwortungsvolle Entscheidung des Lehrers wird zurückgedrängt. An diese Stelle tritt eine scheinbar gerechtere Beurteilung.

Dies alles ist bei der Einschätzung der Schulzeugnisse mit einzubeziehen. Kurse werden manchmal nur gewählt, weil man es dort mit dem bequemeren Lehrer zu tun hat oder weil man dort schnell seine Punkte zusammenbekommt. Sachfremde Gesichtspunkte können so die eigenen Interessenschwerpunkte beeinflussen und verdrängen.

Der zunehmende Konkurrenzdruck in den Schulen führt zu einer Isolierung und Abkapselung. In unseren Schulen wird häufig nicht die Teamfähigkeit, sondern die Einzelleistung besonders hoch bewertet. Dies steht im krassen Gegensatz zu den Anforderungen im späteren Beruf. Hier kommt es darauf an, mit mehreren Mitarbeitern zusammenzuarbeiten, die Vorteile der Gruppenarbeit zu erkennen und eine Bewußtheit für die Qualität von Gruppenentscheidungen zu erfahren. In unseren Schulsystemen wird nach wie vor überwiegend die Einzelleistung honoriert. Die Möglichkeiten und Chancen der Gruppenleistung werden unterbewertet. In einem Wirtschaftssystem, das zunehmend komplexer wird, kann ein gutes Gesamtergebnis nur durch die Zusammenarbeit kommunikationsfähiger Spezialisten erreicht werden. Bei der Beurteilung von Betriebs- und Arbeitszeugnissen sollte die Zielsetzung dieser Zeugnisse im Auge behalten werden. Entsprechend verschiedener gesetzlicher Bestimmungen soll das Zeugnis dem Arbeitnehmer die Suche nach einem neuen Arbeitsplatz erleichtern. Das heißt, daß viele

Zeugnisse recht positiv gehalten werden. Es ist also notwendig, zwischen den Zeilen zu lesen. So sind dann viele Spekulationen entstanden, wie man ein Zeugnis zu entschlüsseln hätte.

Der erste Teil des Zeugnisses besteht aus der sogenannten „Dienstbescheinigung". Hier werden Art und Dauer der Tätigkeit beschrieben. Daraus kann man bereits wesentliche Schlüsse ableiten. Hat der Arbeitnehmer häufig seinen Arbeitsplatz gewechselt? In welcher Phase seiner Berufstätigkeit hat er sich verändert? Kann man eine logische Konsequenz in der Abfolge der verschiedenen Tätigkeiten erkennen? Auch die Beschreibung der Tätigkeit läßt wichtige Schlüsse zu. Hat der Bewerber z. B. bereits Führungsaufgaben übernommen? Hat er bestimmte Spezialkenntnisse erworben? Ist er es gewohnt, mit Gruppen zusammenzuarbeiten?

Der zweite Teil des Zeugnisses bezieht sich auf Führung und Leistung. Nur wenn der Arbeitnehmer es verlangt, wird auch auf diesen Bereich Bezug genommen. Dieser Teil des Zeugnisses beinhaltet viele Fehlerquellen. Hier können bereits Mißverständnisse bei der Formulierung auftreten. Eine ungeschickte Ausdrucksweise des Beurteilenden kann die Berufschancen des Beurteilten erheblich vermindern. Auf der anderen Seite wirken extrem positive Formulierungen unglaubwürdig und übertrieben. Zuweilen kommt es auch vor, daß ein Mitarbeiter weggelobt wird oder ihm wird ein sehr gutes Zeugnis als Trostpflaster ausgestellt. Auch ist es wichtig, das Zeugnis auf fehlende Angaben hin zu untersuchen. Ein Satz wie der folgende ist ziemlich eindeutig: „Herr M. war bei uns im Innendienst und Außendienst beschäftigt. Besonders erfolgreich war er im Innendienst tätig."

Die Arbeitsgemeinschaft selbständiger Unternehmer in Bonn hat eine **Zeugnisskala** vorgeschlagen, die viele Unternehmen anwenden:
- Sehr gute Leistungen:
  . . . „hat die ihm übertragenen Arbeiten **stets** zu unserer **vollsten** Zufriedenheit erledigt."
- Gute Leistungen:
  . . . „hat die ihm übertragenen Arbeiten **stets** zu unserer **vollen** Zufriedenheit erledigt."
- . . . Befriedigende Leistungen:
  . . . „hat die ihm übertragenen Arbeiten zu unserer Zufriedenheit erledigt."
- Mangelhafte Leistungen:
  . . . „hat die ihm übertragenen Arbeiten im großen und ganzen zu unserer Zufriedenheit erledigt."

Obwohl diese Zeugnisskala für den Beurteilenden eine praktische Erleichterung bringen kann, stecken in ihr doch eine Reihe von Problemen. Niemand weiß, ob der Leser so eines Zeugnisses den „Geheimcode" kennt. Auch kann es sein, daß der Verfasser eines Zeugnisses diese Formulierungen benutzt, ohne den Code zu kennen.

Zu berücksichtigen ist weiterhin, von wem das Zeugnis ausgestellt wurde. Handelt es sich z. B. um ein vertrauenswürdiges Unternehmen oder um ein Unternehmen, bei dem Gefälligkeitszeugnisse die Regel sind? Besteht in dem Unternehmen, aus dem der Bewerber kommt, ein formalisiertes Beurteilungssystem oder werden Beurteilungen nur bei Stellenwechslern ausgestellt? Die Beurteilung eines Bewerbers, der aus einem Unternehmen kommt, in dem regelmäßig Beurteilungen durchgeführt werden, besitzt eine höhere Aussagekraft.

Telefonische oder persönliche Auskünfte bei früheren Arbeitgebern sollten immer nur nach Absprache mit dem Bewerber erfolgen. Hier gilt es, bereits zu Anfang eine Vertrauensbasis zum zukünftigen Mitarbeiter herzustellen. Ein punktueller Informationsverzicht wirkt manchmal nicht so schwer wie ein geschädigtes Vertrauensverhältnis.

Schließlich sei noch darauf hingewiesen, daß bei jeder Beurteilung Fehleinschätzungen und Beurteilungsfehler vorkommen können. Als Beispiel sei der sogenannte Halo-Effekt genannt. Von einer positiven Eigenschaft des Beurteilten wird geschlossen, daß auch alle anderen Eigenschaften positiv ausgeprägt sein müssen.

Genauso verhält es sich, wenn man beim Beurteilten von einer einzigen negativen Eigenschaft auf ein negatives Gesamturteil schließt.

In letzter Zeit wird es üblich, den **Lebenslauf** nur noch tabellarisch zu verfassen. Dies fördert zum einen die Übersichtlichkeit, zum anderen gehen dabei bestimmte Informationen aber verloren. Ein ausformulierter Lebenslauf kann unter zwei Gesichtspunkten analysiert werden: Nach der Zeitfolgeanalyse und nach der Positionsanalyse (Lückert 1974).

Bei der **Zeitfolgeanalyse** wird der Lebenslauf auf Lücken und Arbeitsplatzwechsel hin durchgesehen. Lücken im Lebenslauf können bereits direkt auf problematische Zeitphasen hinweisen. Hier hat man einen wichtigen Anknüpfungspunkt für das Bewerbergespräch. In jüngeren Jahren, bis etwa Mitte dreißig, ist ein Arbeitsplatzwechsel anders zu beurteilen als in späteren Jahren. In einer früheren Phase dient ein Arbeitsplatzwechsel häufig dazu, verschiedene Erfahrungen zu sammeln und unterschiedliche Arbeitsweisen kennenzulernen. Dies kann sich nur positiv auswirken. Ein Wechsel, der in zu kurzen Zeitabschnitten erfolgt, ist kritisch einzuschätzen, da er auf eine mangelnde Kooperationswilligkeit schließen lassen kann. Aber auch in späteren Jahren wird ein Arbeitsplatzwechsel immer weniger negativ gesehen. In einer Welt beschleunigten Technologiewandels, bei sich ständig verändernden Berufen, kann ein Wechsel auf Flexibilität und Lernbereitschaft hinweisen. Technologieveränderungen können einen Arbeitsplatzwechsel geradezu notwendig machen. Hier sei nur auf die Veränderungen durch die Datenverarbeitung, den Einsatz von Mikroprozessoren und Bildschirmarbeitsplätzen hingewiesen.

Auch ein Wechsel von einem Groß- zu einem Kleinbetrieb muß nicht negativ eingeschätzt werden. Häufig können dabei besonders qualifizierte Bewerber einen erweiterten Verantwortungs- und Aufgabenbereich erlangen.

Die **Positionsanalyse** untersucht die Frage des Auf- bzw. Abstiegs in der beruflichen Laufbahn. Es ist schwer zu sagen, wann bestimmte Leistungsgipfel erreicht werden. Während sportliche und körperliche Leistungen eher in jüngeren Jahren erzielt werden, kann man geistige Höchstleistungen eher in mittleren und älteren Jahren beobachten. Da sich die geistigen Fähigkeiten aus sehr unterschiedlichen Bereichen zusammensetzen, kann eine gültige Aussage nur sehr differenziert erfolgen. Man unterscheidet so z. B. in der Intelligenz einen sprachlichen Bereich, einen logisch-systematischen Bereich, das räumliche Vorstellungsvermögen, Flexibilität, Gedächtnisleistungen und mathematische Fähigkeiten. Es gibt eine Reihe von Beispielen, die zeigen, daß künstlerische und literarische Leistungen auch noch im sehr weit fortgeschrittenen Alter ihren Höhepunkt erreichen können. Die Altersforschung hat in den letzten Jahren gezeigt, daß manche Vorstellungen über die geistigen Leistungen älterer Menschen vorurteilsbehaftet sind. Ältere Menschen werden von der Gesellschaft häufig in bestimmte Negativ-Rollen gedrängt und verlieren dann ihre geistige Flexibilität.

Bei der Positionsanalyse sollte auch untersucht werden, ob dem Arbeitsplatzwechsel ein logischer Aufbau zugrunde liegt. Ein zielloses Wechseln in verschiedene Tätigkeitsbereiche ist anders zu beurteilen als ein konsequenter Aufbau in der Laufbahnplanung. Auch stellt sich die Frage, ob der berufliche Zenit bereits überschritten wurde und ob resignative Aspekte eine Rolle spielen.

Adler (1972) hat als einer der ersten erkannt, daß der Mensch für sein eigenes Leben bestimmte Leitlinien entwickelt, nach denen er sich bewußt oder unbewußt richtet. Diese Leitlinien sind in frühester Kindheit entwickelte Zielvorstellungen, die für das gesamte spätere Leben gültig sein können. Es ist sehr interessant, einen Lebenslauf auch unter diesen Gesichtspunkten zu untersuchen.

Es liegt in der Natur des Menschen, daß er sich gern edel und klug darstellt. Dies muß man auch bei der Abfassung des Lebenslaufes und des Bewerbungsschreibens einbeziehen. Daraus können Informationen über die Selbsteinschätzung und die Selbstideale des Bewerbers gewonnen werden. Gerade hieraus läßt sich dann auch erschließen, was dem Bewerber an seiner eigenen Persönlichkeit mißfällt, welche Mängel er kompensieren möchte und wo er sich noch weiterentwickeln möchte.

Zuweilen liegen den Bewerbungsunterlagen **Referenzen** bei. Hier sollte man sich vor Augen halten, daß es sich um Angaben von Personen handelt, die der Bewerber selber ausgewählt hat. Natürlich wird er nur solche Personen auswählen, die ein günstiges Urteil abgeben.

Grundsätzlich kann man Referenzangaben unterscheiden, die von Privatpersonen oder aber von ehemaligen Dienstvorgesetzten abgegeben werden. Jede Referenzangabe ist außerdem nur so gut, wie die Vertrauenswürdigkeit desjenigen, der die Referenz gibt. Mit Einverständnis des Bewerbers sollte man sich unter Umständen auch telefonisch mit der referenzgebenden Person unterhalten. Natürlich lohnt sich dieser Aufwand nur bei Positionen der oberen Ebenen.

Beachten sollte man außerdem, daß es sich bei Referenzen häufig um Freundschaftsdienste handelt, die entsprechend subjektiv gefärbt sind. Auch kann es vorkommen, daß ein Mitarbeiter weggelobt wird. Häufig werden Referenzangaben auch von besonders angesehenen oder bekannten Persönlichkeiten gegeben. Auch hier sollte man sich nicht in seinem eigenen Urteil beeinflussen lassen, da das Zustandekommen solcher Referenzangaben nie nachvollzogen werden kann.

Normalerweise liegt den Bewerbungsunterlagen auch ein **Lichtbild** des Bewerbers bei. Dabei muß man sich hüten, zu sehr nach dem ersten Eindruck zu urteilen. Jedes Bild löst bei uns selbst bestimmte Gefühle aus, die mit unseren eigenen Vorerfahrungen zusammenhängen. Der Bewerber wird verständlicherweise bestrebt sein, ein möglichst günstiges Bild von sich beizulegen. Hieraus lassen sich bereits bestimmte Schlüsse ableiten, wie sich der Bewerber gern sieht. Allerdings gibt es auch manchmal sogenannte Verlegenheitslösungen. Der Bewerber hat gerade kein anderes

Bild bereit, also legt er das erstbeste Bild bei. Auch kann er von der Unwichtigkeit des Bildes ausgehen. Besondere Beachtung sollte man sehr auffälligen Fotos schenken. Fotos, die ein ungewöhnliches Format haben oder bei denen der Bewerber in einer besonderen Pose abgebildet ist. Hier kann man z. B. erste Hinweise erhalten, ob der Bewerber durch eine besonders selbstbewußte Pose Minderwertigkeitsgefühle zu kaschieren sucht.

Es hat eine Reihe von Untersuchungen darüber gegeben, ob man vom Gesichtsausdruck her auf die Persönlichkeit schließen kann. Jeder Mensch versucht bewußt oder unbewußt seine Mitmenschen zu kategorisieren. Bei diesem Vorgang versuchen wir die Komplexität der Umwelt auf einige bekannte Kategorien zu reduzieren. Untersuchungen haben aber immer wieder gezeigt, daß gerade bei der Intelligenzeinschätzung auf Grund von Fotos gravierende Fehler auftreten können. Jeder Gesichtsausdruck wird geprägt durch die augenblickliche Gefühlssituation, durch absichtliche Ausdrucksabsichten und durch bestimmte Lebenserfahrungen, die sich im Gesicht gerade älterer Menschen besonders deutlich zeigen. Da wir unge-fähr 70 % unserer Umwelteindrücke mit den Augen wahrnehmen, messen wir dem visuellen Eindruck eine besondere Bedeutung bei. Dabei können dann natürlich auch die meisten Fehleinschätzungen zustande kommen. Es hat sich z. B. gezeigt, daß Menschen, die eine Brille tragen, in der Regel intelligenter eingeschätzt werden. Hier handelt es sich um ein rein optisch bedingtes Vorurteil. Manchmal ist es auch überraschend, wenn man das Bild mit der tatsächlichen Erscheinung des Bewerbers vergleicht. Dabei kommt dann besonders die Absicht zum Ausdruck, die der Bewerber bei der Anfertigung des Bildes hatte.

Bei manchen Positionen spielt allerdings die äußere Erscheinung eine nicht unbedeutende Rolle. Handelt es sich z. B. um einen Repräsentanten, wichtigen Außendienstmitarbeiter oder Öffentlichkeitsarbeiter, so erleich-tert eine sympathische äußere Erscheinung die Arbeit. Hier sollten die Vorurteile der Umwelt bei der Auswahl des Bewerbers bewußt einbezogen werden.

Einen entscheidenden Punkt bei der Beurteilung der Bewerbungsunterla-gen stellt die Gewichtung der einzelnen Unterlagen dar. Wir haben eine Fülle von Informationen vorliegen, die in ihren Beziehungen zueinander gesehen werden müssen. Gibt es z. B. starke Diskrepanzen oder Auffällig-keiten? Gibt es zwei extrem unterschiedliche Arbeitszeugnisse? Stehen das Schulzeugnis und das Arbeitszeugnis in einem starken Gegensatz zueinander? Welche Bedeutung ist den einzelnen Zeugnissen beizumessen? Ist das Schulzeugnis wichtiger oder ist das Arbeitszeugnis wichtiger? Wollen wir gerade den häufigen Stellenwechsel als hohe Flexibilität positiv interpretieren? Vor all diesen Fragen steht man bei der Bewerberauswahl. Hierbei kann ein sogenanntes Anforderungsprofil eine große Hilfe sein. Dieses Anforderungsprofil sollte man vor dem eigentlichen Auswahlprozeß anfertigen. Dabei überlegt man sich, welche optimalen Eigenschaften der zukünftige Bewerber haben sollte. Zum Beispiel bezüglich seiner Belastbarkeit, seiner Intelligenz, seinem Arbeitstempo, seinen Fachkenntnissen, seiner Berufserfahrung, seinen Führungsqualitäten, seinem Willen zur Weiterbildung usw.

1.2. Die Gesprächsführung beim Einstellungsgespräch

Ziel des Einstellungsgesprächs ist es, sich einen persönlichen Eindruck vom Bewerber zu verschaffen. Der persönliche Kontakt stellt eine entscheidende Informationsquelle dar.

Man gewinnt einen Gesamteindruck vom Bewerber, nimmt bei sich selbst wahr, welche Gefühle der Gesprächspartner auslöst und kann gezielt spezielle Punkte ansprechen, die in den Bewerbungsunterlagen unklar geblieben sind.

In fast jede persönliche Beurteilung gehen jedoch auch bestimmte Beurteilungsfehler ein. Die Entwicklung und Erfahrung des Beurteilenden kann einerseits zu einem genaueren und fundierteren Urteil führen, zum anderen kann sie aber auch die eigene Urteilskraft einengen, wenn man z. B. einem Bewerber gegenübersitzt, der in seiner Persönlichkeit so andersartig ist, daß man sich nur schwer in ihn hineinversetzen kann.

Ein weiteres Ziel des Gespräches sollte es auch sein, festzustellen, ob der Bewerber von seiner Persönlichkeit her in das Unternehmen paßt. Ob er z. B. mit den vorhandenen Mitarbeitern gut zusammenarbeiten könnte oder ob Schwierigkeiten und Differenzen wahrscheinlich sind.

Das Einstellungsgespräch sollte vom Beurteilenden gut vorbereitet werden. Die Bewerbungsunterlagen werden noch einmal gründlich gesichtet, man notiert sich Unklarheiten und Fragen, die man stellen möchte. Auch sollte für das Gespräch genügend Zeit eingeplant werden, denn unter starkem Zeitdruck kann nicht die Atmosphäre hergestellt werden, die für ein so wichtiges Gespräch notwendig ist. Auch sollte darauf geachtet werden, daß das Gespräch störungsfrei verläuft und nicht durch Telefonate und Unterbrechungen durch Mitarbeiter behindert wird.

Das Einstellungsgespräch vollzieht sich in drei Phasen: Der Anwärm- oder Kontaktphase folgt die Hauptphase, dieser die Schlußphase.

In der **Kontaktphase** geht es darum, eine gute Atmosphäre für das Gespräch zu schaffen und zum Bewerber eine Beziehung aufzubauen. Nur wenn dies im Gespräch erreicht wird, kann man sicher sein, daß alles ausgeschöpft wird, was einem das Gespräch bieten kann. In der Kontaktphase wird man sich so z. B. nach der Anreise erkundigen, man wird versuchen, auf gewisse Gemeinsamkeiten hinzuweisen oder einige persönliche Bemerkungen machen.

In der **Hauptphase** versucht man, das eigentliche Gesprächsziel zu erreichen, nämlich Informationen über den Bewerber zu gewinnen, seine Einstellung zum Unternehmen zu erfahren, die Eignung für die offene Position aufzuklären und sein Gesprächsverhalten zu beobachten.

In der **Schlußphase** schließlich faßt man das Ergebnis des Gespräches zusammen. Man versucht dem Bewerber zu verdeutlichen, daß eine optimale Entscheidung im Interesse beider Seiten liegt.

Sollte sich die Entscheidung nicht sofort fällen lassen, muß auf jeden Fall ein Entscheidungstermin genannt werden. Auch sollte abgeklärt werden, ob der Bewerber eventuell für eine andere Position im Unternehmen in Frage kommt.

Für jedes Einstellungsgespräch lassen sich einige **generelle Prinzipien** aufstellen. Das Gespräch sollte keinen Verhörcharakter bekommen, bei dem in schulmeisterlicher Art Fragen gestellt und die Antworten sofort bewertet werden. Der Entfaltungsspielraum des Gesprächspartners wird sonst stark eingeengt und das Bild vom Bewerber zu stark von den eigenen Fragen geprägt.

Man sollte versuchen, den Bewerber aufzulockern und eine freundliche Atmosphäre zu schaffen. Auf Grund der Rollensituation „Bewerber" – „Beurteilender" ist der Bewerber ohnehin angespannt. Es geht aber darum, einen möglichst umfassenden exemplarischen Eindruck vom Bewerber zu bekommen. Es ist eine Tatsache, daß jemand, der mit dem Rücken zur Wand steht, seine Fähigkeiten und Eigenschaften nur zu einem kleinen Teil darstellen kann. Erst wenn der Gesprächspartner das Gefühl hat, er müsse sich nicht dauernd rechtfertigen und verteidigen, kann man ein einigermaßen objektives Bild von ihm gewinnen.

Auch sollte man versuchen, sich in die Situation des Bewerbers zu versetzen. Die Ziele, die er hat und seine Motivation, die er für die zukünftige Position mitbringt, abklären. Im Einstellungsgespräch dürfen auch nur solche Fragen gestellt werden, die in einer Beziehung zur zukünftigen Position stehen. Jeder Bewerber wird sehr schnell mißtrauisch, wenn er merkt, daß er nur die Neugierde seines Gesprächspartners befriedigt.

Dem Bewerber sollte die Möglichkeit gegeben werden, selbst Fragen zu stellen, damit er genügend Informationen über das Unternehmen bekommt.

In manchen Unternehmen ist es üblich, daß der Bewerber sich mit mehreren Gesprächspartnern unterhält. Hier können dann die verschiedenen Eindrücke miteinander verglichen werden. Das Urteil wird damit im allgemeinen besser. Auch sollte man Informationen, die man bereits den Unterlagen entnehmen kann, nicht zusätzlich abfragen.

Bei manchen Einstellungsgesprächen kann man beobachten, daß der Bewerber nur ungefähr zehn Prozent der Zeit spricht, während der Beurteilende die übrigen neunzig Prozent der Zeit für eigene Darstellungen in Anspruch nimmt. Dies führt dazu, daß die Chance, ein umfassendes Bild vom Bewerber zu erhalten, nicht genutzt wird.

In der Hauptphase des Gespräches sollte überwiegend der **Bewerber** sprechen. Dies kann man dadurch erreichen, daß man bestimmte Gesprächstechniken einsetzt, z. B. die **„Non-direktive Gesprächstechnik"**. Dabei versucht man unter anderem, bestimmte Gesprächsinhalte des Bewerbers reflektierend aufzugreifen, z. B.: „Sie sagten gerade, daß Sie den Firmenwechsel für Ihre weitere Entwicklung für sehr günstig gehalten haben."

Manchmal können auch kleine Einwürfe („aha", „mh") sehr gesprächsfördernd wirken, weil dadurch der Eindruck vermittelt wird, daß man sich weiter auf das Gespräch konzentriert und das, was der Gesprächspartner sagt, für wichtig hält. Auch scheinbar nebensächliche Ausdrucksformen wie Kopfnicken oder Anlächeln können den Kommunikationsvorgang erleichtern.

Eine besondere Bedeutung kommt der Fragetechnik zu. Neben der gezielten Informationsabfrage sollten offene Fragen gestellt werden. Dabei handelt es sich um sogenannte W-Fragen, die mit den Frageworten, „wer",

„wie", „wo", „warum", „wozu" beginnen. Diese W-Fragen haben die Eigentümlichkeit, daß sie im allgemeinen keine kurze oder informationsschwache Beantwortung zulassen, sondern den Gesprächspartner zu etwas weitergefaßten Ausführungen ermuntern. Beispiele offener Fragen wären: „Wie meinen Sie das?" „Wozu hat das dann geführt?" „Warum kam es dann dazu?"

Neben den inhaltlichen Aspekten des Gespräches sollte man auch auf die Art achten, wie der Gesprächspartner reagiert. Seine Körperhaltung, Gestik, Mimik, Sprechschnelligkeit, Tonhöhe, sein Blickkontakt, Verzögerungen im Gespräch, all dies kann Aufschluß geben und zur Gesamtbeurteilung beitragen.

Zusammenfassend lassen sich für das Einstellungsgespräch folgende **Themenkreise** abgrenzen:

1. Ausbildung und Weiterbildung.
2. Berufserfahrung und fachliche Qualifikation.
3. Die persönliche Situation des Bewerbers, soweit sie für die Position relevant ist.
4. Kooperationsfähigkeit.
5. Motivation und zukünftige Berufsziele.
6. Kenntnisse über die Firma.

Zuweilen werden auch neben dem persönlichen Einstellungsgespräch **Gruppendiskussionen** durchgeführt. Hierzu gibt es recht unterschiedliche Auffassungen. Tatsache ist, daß eine Gruppendiskussion ein sehr genaues Abbild des zukünftigen Gruppenverhaltens sein kann. Zwar stellt eine Gruppendiskussion eine künstliche soziale Situation dar, in der jedoch deutlich bestimmte Persönlichkeitszüge des Bewerbers zum Ausdruck kommen. Hier kann man bereits beobachten, wer sich extrem in den Vordergrund drängt, schüchtern und zurückhaltend reagiert, bestimmte Führungsqualitäten entwickelt oder aber sehr schnell Meinungen übernimmt.

Auch die Information aus dem Einzelgespräch und möglichen Gruppendiskussionen sollten nur in Zusammenhang mit den anderen Informationsquellen gesehen werden. Allein das Zusammenspiel von Bewerbungsunterlagen, Einstellungsgespräch und möglichen psychologischen Tests kann Falschbeurteilungen auf ein unvermeidbares Mindestmaß zurückschrauben.

1.3. Die Vor- und Nachteile psychologischer Testverfahren

Psychologische Auswahlverfahren zur Bewerberauslese werden in letzter Zeit häufiger eingesetzt. Andererseits gibt es eine zunehmende Zahl kritischer Stimmen, die den Aussagewert psychologischer Tests anzweifeln. Woraus erklärt sich nun diese Diskrepanz? Bei welchen Bewerbern lassen sich welche Tests sinnvoll anwenden?

Bei der Besprechung und Beurteilung psychologischer Tests hängt sehr viel davon ab, was man unter einem Test versteht und wie man den Begriff „Test" definiert.

Man kann zwei Definitionen voneinander unterscheiden: einen weiten und einen engen Testbegriff. Der **weite Testbegriff** besagt, daß jemand auf die Probe gestellt wird. Solche Proben, die sich z. B. auf Mut, Tapferkeit oder Geschicklichkeit beziehen, wurden bereits in der Bibel und in alten Märchen und Sagen beschrieben.

Vom weiteren Testbegriff unterscheidet man den **engeren wissenschaftlichen Testbegriff**. Die Entwicklung eines wissenschaftlichen Tests erfordert einen erheblichen Aufwand. Der Test muß eine Reihe von Kriterien erfüllen, um aussagefähig zu sein.

- Er muß **geeicht** sein. Das heißt, daß der Test bereits verschiedenen Vergleichspopulationen vorgelegt wurde, um sichere Vergleichs- und Normwerte zu erhalten.
- Der Test muß hinreichend **differenzieren**, das heißt, es müssen sich verschieden befähigte Individuen auch tatsächlich in ihrer Testleistung voneinander unterscheiden.
- Die Unterscheidung der verschiedenen Individuen muß verläßlich sein, man spricht hier auch von **Reliabilität**. So müßte man z. B. bei Wiederholung des Tests zu einem gleichen Ergebnis kommen.
- Der Test muß tatsächlich das messen, was er zu messen vorgibt. Man spricht hier auch von **Validität**. Es muß sich z. B. der spätere Berufserfolg aus dem Testergebnis ersehen lassen.

Erst wenn der Test Angaben über Normwerte, Differenzierungsfähigkeit, Reliabilität und Validität enthält, handelt es sich um einen brauchbaren Test. Um die Testergebnisse vor diesem Hintergrund richtig interpretieren zu können, muß auf jeden Fall ein Diplom-Psychologe den Test durchführen.

Nach Lienert (1969) unterscheidet man im wesentlichen drei Testgruppen:

- Intelligenztests,
- Leistungstests,
- Persönlichkeitstests.

Bei den Intelligenztests unterscheidet man allgemeine Intelligenztests und spezielle Intelligenztests, mit denen man spezifische Begabungen erfassen kann.

Leistungstests werden untergliedert nach Tests zur Erfassung der Körpergeschicklichkeit, der Sinneswahrnehmung und der psychischen Leistungsfähigkeit.

Mittlerweile gibt es eine Vielzahl von Persönlichkeitstests. Man unterscheidet **psychometrische Persönlichkeitstests**, wie z. B. Persönlichkeitsstrukturtests, Einstellungs- und Interessentests und klinische Tests. Daneben gibt es **Persönlichkeitsentfaltungsverfahren**, wie z. B. Formdeuteverfahren, verbalthematische Verfahren, und zeichnerische- und Gestaltungsverfahren. Die Persönlichkeitstests versuchen auch den Intimbereich des Getesteten zu durchleuchten. Die Anwendung von Persönlichkeitstests für den beruflichen Bereich wird daher von vielen Diagnostikern abgelehnt, da dies ein zu starkes Eindringen in den Persönlichkeitsbereich darstellt.

Persönlichkeitstests können jedoch sehr sinnvoll bei der Beratung und Therapie eingesetzt werden, da die Zielsetzung hier ganz anders ist und die erhaltenen Ergebnisse nur als Grundlage für die Therapie des Getesteten eingesetzt werden.

Manche Bewerber entwickeln starke Ängste, wenn sie erfahren, daß sie sich einer Testung unterziehen sollen. Hier ist es Aufgabe des Testenden, den Sinn und die Aussagekraft des Tests zu erläutern. Auch trifft man immer wieder auf Bewerber, die es ablehnen, sich testen zu lassen.

Stets ist zu überprüfen, ob eine Testung tatsächlich notwendig ist, oder ob nicht die vorhandenen Unterlagen für eine fundierte Entscheidung ausreichend sind.

Sehr hilfreich kann eine Testung sein, wenn Zeugnisse fehlen oder die vorliegenden Zeugnisse zweifelhaft erscheinen. Auch wenn ein Bewerber längere Zeit aus dem Berufsleben ausgeschieden ist, kann man sich hier eine zusätzliche Informationsquelle erschließen.

Bei der Anwendung der Tests sollte man bedenken, daß sich mit Hilfe von

Tests nur ungefähr ein Drittel aller Begabungen und Anlagen eines Individuums erfassen lassen.

Bei einer Eignungsuntersuchung stellt man verschiedene Tests zu einer sogenannten „Testbatterie" zusammen. Die Zusammensetzung richtet sich nach der Art der ausgeschriebenen Position und nach dem Anforderungsprofil. In der Praxis erlebt man es zuweilen, daß bestimmte Tests von Einzelbewerbern bereits doppelt und dreifach bearbeitet wurden. Hier werden natürlich durch die Lernerfahrungen die Testergebnisse verfälscht. Dies ist in erster Linie darauf zurückzuführen, daß bestimmte Tests einen sehr hohen Bekanntheitsgrad erreicht haben und von verschiedenen Unternehmen immer wieder eingesetzt werden.

Eine Lösung dieses Dilemmas läßt sich nur dadurch erreichen, daß ein Fachmann mit der Entwicklung eines eigenen firmenspezifischen Tests beauftragt wird.

Es erscheint fair dem Bewerber gegenüber, das Testergebnis mit ihm durchzusprechen und ihm eine Rückmeldung für seine erzielten Leistungen zu geben.

Die Besprechung der Testergebnisse gehört in erfahrene Hände. Unabhängig davon, wie die Entscheidung ausgefallen ist, die Ergebnisdiskussion sollte für den Bewerber ein hilfreiches Gespräch werden. Dabei kann ihm aufgezeigt werden, wo seine Stärken und Schwächen liegen, warum er in diesem speziellen Unternehmen nicht zum Zuge gekommen ist, wo er sich erfolgreicher bewerben kann, wo seine Entwicklungsmöglichkeiten liegen und auf welchen Gebieten er sein Wissen noch ergänzen sollte.

Die Durchführung eines oder mehrerer Tests kann für den Bewerber unter Umständen sehr anstrengend sein. Es hat sich als günstig erwiesen, wenn derjenige, der den Test durchführt, sich diesem Test auf jeden Fall auch einmal selbst unterzogen hat.

Zusammenfassend läßt sich sagen, daß die Information, die man aus einer Testung gewinnt, die Entscheidungsgrundlage auf jeden Fall verbreitert und verbessert. Es muß allerdings davor gewarnt werden, Testergebnisse überzubetonen, da nur ein Teil der Fähigkeiten und Begabungen mit Tests erfaßt wird.

Ein weiterer Kritikpunkt bezieht sich auf die Kulturabhängigkeit bestimmter Tests. Die meisten Tests sind sprachgebunden und auf die Milieubedingungen der sogenannten Mittel- bis Oberschicht ausgerichtet. Häufig versagen gerade hier Arbeiterkinder, deren handlungsorientierte Intelligenz mit diesen Tests nicht erfaßt wird.

1.4. Die Aussagekraft graphologischer Gutachten

In Deutschland sind graphologische Gutachten als Mittel der Personalauslese nach wie vor weit verbreitet. Vermutlich liegt es auch daran, daß ein graphologisches Gutachten relativ einfach und bequem ohne eine zusätzliche Bemühung des Bewerbers zu erhalten ist. Die weite Verbreitung der graphologischen Begutachtung zeigt sich auch an der Vielzahl von Stellenangeboten, bei denen ein handgeschriebener Lebenslauf erwünscht wird. Was in diesen Inseraten verschwiegen wird, ist die Tatsache, daß solch ein Lebenslauf manchmal ohne Wissen des Bewerbers an einen Graphologen weitergereicht wird. Die damit verbundenen ethischen Fragen rücken erst langsam in das Bewußtsein der Öffentlichkeit.

Die graphologische Auswertung einer Handschrift erfolgt unter verschiedenen Gesichtspunkten. Zunächst kann man davon ausgehen, daß sich in der Schriftgestaltung ein Verhaltensausdruck zeigt, der die Persönlichkeit verdeutlicht. Der Graphologe verschafft sich einen Überblick über den Gesamteindruck der Schrift. Bereits der Grad der Leserlichkeit kann zum Ausdruck bringen, welche Beziehung der Schreibende zu seiner Umwelt hat. So wird z. B. jemand, dem die Reaktion seiner Umwelt gleichgültig ist, auch die Schrift entsprechend gestalten.

Die Schrift wird nach folgenden allgemeinen Kriterien beurteilt: Der Eindrucksqualität, dem Formniveau, der Schreibbewegung und der Raum- und Richtungssymbolik.

Bei der Eindrucksqualität läßt man sich von der Schrift unmittelbar beeindrucken. Man konzentriert sich auf das, was die Schrift an Empfindungen auslöst, z. B. hart, weich, statisch, dynamisch, einfach, kompliziert.

Auch bei der Einschätzung des Formniveaus läßt man sich vom Gesamteindruck der Schrift leiten. Im Formniveau drückt sich z. B. der Rhythmus der Schriftzüge aus und der Zusammenhang verschiedener Ausdruckselemente.

Bei der Beurteilung der Schreibbewegung versucht man, sich in die ursprünglichen Schreibbewegungsabläufe einzufühlen. Jeder Bewegungsausdruck ist immer auch ein Ausdruck des Psychischen. In der Beurteilung der Raum- und Richtungssymbolik wird untersucht, ob es sich z. B. um eine linksschräge oder rechtsschräge Schrift handelt, wie die Schrift auf dem Blatt verteilt ist, wie die Zeilenführung verläuft und ob die Schrift einen harmonischen Rhythmus hat.

Schließlich kann auch eine Einzelanalyse der Schrift erfolgen. Untersucht wird dann nach folgenden Kriterien: Schriftbreite und Höhe, Druckstärke, Verbundenheitsgrad, Regelmäßigkeit usw.

Nach der exakten Merkmalsbeobachtung erfolgt dann in einem weiteren Schritt die Interpretation. Man versucht von den untersuchten Merkmalen her auf die Antriebsstärke, das Selbstwertgefühl, Phantasieausprägung, Willensstärke, Kontaktbereitschaft und Intelligenz zu schließen.

Eine einfache Zuordnung von Merkmalen und Persönlichkeitseigenschaften darf allerdings nicht vorgenommen werden. Erst der Gesamtzusammenhang unterschiedlicher Merkmalshäufigkeiten läßt eine Interpretation zu.

Wie jede Interpretation, die sich mit psychischen Phänomenen beschäftigt, ist auch die Interpretation der Schriftmerkmale mit bestimmten Schwächen behaftet. So kann es vorkommen, daß die gleiche Schrift von verschiedenen Graphologen in bestimmten Merkmalen unterschiedlich beurteilt wird. Eine graphologische Beurteilung als alleiniges Entscheidungskriterium ist daher in den meisten Fällen unzureichend. Zwar können begabte Graphologen die Informationsgrundlage für eine Entscheidung verbessern, zusätzlich sollte aber auf jeden Fall die Verhaltensbeobachtung, die Beurteilung der Bewerbungsunterlagen, der persönliche Eindruck im Gespräch und eine testpsychologische Untersuchung hinzukommen.

Die Fragwürdigkeit bestimmter graphologischer Gutachten hat sich in einer interessanten Untersuchung gezeigt: 20 Personen wurde ohne ihr Wissen ein gleichlautendes graphologisches Gutachten vorgelegt. In diesem Einheitsgutachten wurden mit kleinen Einschränkungen durchweg nur positive Eigenschaften beschrieben. Anschließend wurden die betreffenden Personen gefragt, ob dieses Gutachten auf ihre Persönlichkeit zuträfe. In 90 % der Fälle zeigte sich, daß die Begutachteten voll der graphologischen Aussage zustimmten. Diese Untersuchung zeigt, daß bei einer einigermaßen positiven Aussage fast jeder Mensch gern bereit ist, die Beurteilung für richtig zu halten. Dies hängt sicherlich mit einer entsprechenden Selbsteinschätzung der meisten Menschen zusammen.

Wenn überhaupt ein graphologisches Gutachten notwendig erscheint, so sollte dieses Gutachten nur von einem psychologisch vorgebildeten Gutachter durchgeführt werden. Berücksichtigt man das Problembewußtsein, das bereits bei der Beurteilung anderer Bereiche des menschlichen Ausdrucks entwickelt wurde, z. B. Verhaltensbeobachtung, sprachlicher Ausdruck, psychologische Tests, so sollte man ähnliche Maßstäbe auch bei der Einschätzung der Gültigkeit graphologischer Blind- oder Ferndiagnosen anlegen. Dabei wird einem Graphologen als alleinige Beurteilungsgrundlage eine Schriftprobe vorgelegt. Eine graphologische Beurteilung sollte immer nur im Zusammenhang mit anderen Unterlagen erfolgen. Die vielfältigen Informationen, die sich aus den Bewerbungsunterlagen, einem persönlichen Gespräch und psychologischen Tests ergeben, sollten auf jeden Fall für die Gesamtbeurteilung mit herangezogen werden.

2. Das Assessment Center

2.1. Definition und Entstehung

Die Auswahl von Führungskräften ist eine der wichtigsten Aufgaben in der Personalarbeit. Dies zeigt sich allein schon darin, daß die Fluktuation einer Führungskraft bis zu DM 270 000,– kosten kann. Bei den herkömmlichen Verfahren zur Führungskräfteauswahl kommt es häufig zu Fehlbesetzungen. Der persönliche Eindruck des nächsthöheren Vorgesetzten, Vorlieben für bestimmte Eigenschaften, Sympathie für den Bewerber, oder auch die Gewißheit, daß der neue Mitarbeiter keine ernsthafte Konkurrenz darstellt, können die Entscheidung beeinflussen.

Auch Tests, graphologische Gutachten und sonstige Beurteilungsmethoden erlauben keine voll befriedigende Lösung. Aus dieser Situation heraus sind von verschiedener Seite her Überlegungen angestellt worden, wie man die Führungskräfteauswahl verbessern könne. Einen der erfolgreichsten Ansätze hierzu stellt das Assessment Center dar.

Das Assessment Center ist ein systematisches Verfahren zur Auswahl und Entwicklung von Führungskräften. Es handelt sich um ein zwei- bis dreitägiges Auswahlseminar. Ziel dieses Seminares ist es, einmal festzustellen, welche Teilnehmer bzw. Mitarbeiter sich für Führungspositionen am besten eignen. Ein weiteres wesentliches Ziel des Assessment Centers besteht darin, den Bildungs- und Entwicklungsbedarf der Teilnehmer zu ermitteln. Beim Assessment Center handelt es sich somit um ein Instrument zur Personalbeurteilung, Personalauswahl und Personalförderung.

Das Assessment Center wird mit mehreren Teilnehmern gleichzeitig durchgeführt. Dies hat zum einen den Vorteil, daß die Bedingungen für die verschiedenen Teilnehmer relativ gleich sind, zum anderen kann das Verhalten in der Gruppe beobachtet werden. Bestimmte Verhaltensweisen zeigen sich nur in Gruppensituationen. In der modernen Industriegesellschaft dominiert die kooperative Arbeitsform. Die Fähigkeit in Gruppen zu arbeiten muß entsprechend bei der Auswahl von Führungskräften berücksichtigt werden. Da das Assessment Center beansprucht, zukünftige Arbeitssituationen möglichst genau zu simulieren, ist es nur konsequent, wenn auch bei der Personalauswahl, bzw. Erfassung des Führungspotentials, eine Gruppensituation geschaffen wird.

Ein weiteres Charakteristikum des Assessment Centers ist es, daß mehrere

Beurteiler, bzw. Beobachter die Einschätzung der Teilnehmer vornehmen. Untersuchungen der Sozialpsychologie haben gezeigt, daß das Gruppenurteil dem Einzelurteil in der Regel überlegen ist. Fehleinschätzungen eines einzelnen werden durch das Gesamturteil abgeschwächt. Das Gruppenurteil ist auch in der Regel sachlicher, da es schwieriger ist, rein gefühlsmäßige Einschätzungen in der Gruppe zu rechtfertigen.

Das Assessment Center setzt sich aus einer Reihe unterschiedlicher Beurteilungsmethoden zusammen. So können z. B. Eignungs- und Gruppentests, Interviews, simulierte Praxissituationen, Rollen- und Planspiele eingesetzt werden. Die Verschiedenartigkeit der Methoden garantiert, daß ein möglichst breites Spektrum von Fähigkeiten in die Verhaltensbeurteilung einbezogen wird.

Der Kritik, daß man mit der Wahl der Methode auch eine Einengung dessen vornimmt, was man untersucht, kann damit begegnet werden. Mit unterschiedlichen Methoden werden unterschiedliche Fähigkeiten erfaßt. Da es darauf ankommt, einen möglichst vollständigen Eindruck zu erhalten, kann eine Methodenvielfalt nur von Vorteil sein.

In einem Assessment Center werden die zu beobachtenden Verhaltensweisen genau festgelegt. Das, was beobachtet wird, ist also nicht der subjektiven Einschätzung der Beobachter überlassen. Zur Vorbereitung eines Assessment Centers gehört es vielmehr, sich eine klare Vorstellung über die Verhaltensweisen zu verschaffen, die der beste Teilnehmer haben sollte. Die Beobachtung erfolgt also immer in einem umgrenzten Verhaltensbereich, der für die zukünftige Position wichtig ist. Auch die Erstellung eines Anforderungsprofils kann hier sehr hilfreich sein. Es geht nicht darum, die Gesamtpersönlichkeit eines Teilnehmers zu erfassen, sondern die **Eignung für eine bestimmte Position** festzustellen, bzw. die Fördermaßnahmen zielgerichtet zu dosieren.

Ein weiteres wichtiges Charakteristikum des Assessment Centers besteht in seiner **Transparenz**. Bei der Einschätzung von Führungskräften sind die Beurteilungskriterien für die Betroffenen häufig undurchschaubar. Wir treffen in Unternehmen immer wieder auf Situationen, bei denen gute Mitarbeiter aus unerklärlichen Gründen nicht aufsteigen. Dabei spielte dann vermutlich die subjektive Einschätzung des nächsthöheren Vorgesetzten eine Rolle.

Qualifizierte Kandidaten fühlen sich übergangen oder falsch eingeschätzt.

Beim Assessment Center hingegen wird die gesamte Einschätzungs- und Beurteilungsprozedur den Betroffenen genau erläutert. Der Ablauf des Assessment Centers wird ausführlich erklärt. Die Art der Schlußfolgerungen wird durchsichtig gemacht. Kriterien der Einschätzung werden offengelegt. Dies führt zu einer Atmosphäre, in der sich der einzelne fair behandelt fühlt. Auch kann das Ergebnis des Assessment Centers eher akzeptiert werden, da jeder weiß, wie dieses Ergebnis zustande gekommen ist.

Ein weiteres Hauptcharakteristikum des Assessment Centers besteht darin, daß die Übungen und Aufgaben möglichst realitätsbezogen sind, so daß die **Übertragung der Ergebnisse in die Realsituation** möglich ist.

Zusammenfassend läßt sich folgende **Definition** des Assessment Centers geben:
Ein Assessment Center ist ein systematisches Verfahren zur Personalbeurteilung, Personalauswahl und Personalförderung. Dabei werden vorher definierte Verhaltensbereiche beobachtet, erfaßt und beurteilt. Dies geschieht gleichzeitig durch mehrere Beobachter, die parallel mehrere Teilnehmer beurteilen. Beim Assessment Center kommen verschiedene Methoden zum Einsatz, um möglichst realitätsbezogene Situationen zu schaffen. Das Assessment Center verläuft nach einem vorher festgelegten Ablaufplan und sollte bis hin zu den Schlußfolgerungen für alle Beteiligten transparent sein.

Moses und Byham (1977) sehen ein Assessment Center durch die folgenden **vier Grundprinzipien** gekennzeichnet:

1. Anforderungsgerechter Zuschnitt des Verfahrens
2. Einsatz vielfältiger Methoden
3. Mehrere Beurteiler
4. Konzentration auf beobachtbares Verhalten.

Obwohl der Assessment Center-Gedanke erst in den letzten Jahren wieder verstärkt aufgegriffen wurde, gehen seine Wurzeln auf die dreißiger Jahre zurück. Damals bereits hat der Leiter der Deutschen Heeerespsychologie, J. B. Rieffert, ein Verfahren zur Offiziersauslese entwickelt, das Elemente des Assessment Centers enthielt. Bei der Offiziersauslese setzte er sogenannte Gruppendiskussionen ein, um sich ein Bild vom Durchsetzungsvermögen der Offiziersanwärter zu machen.

Kurt Lewin, einer der führenden Gestalt- und Ganzheitspsychologen, brachte diese Idee vermutlich mit seiner Emigrierung in die USA. Zunächst wurde die Methode der Gruppengespräche nur bei der Offiziersauslese eingesetzt. Der Begriff Assessment Center, sowie der inhaltliche Ablauf, gehen auf den Amerikaner Henry Murray von der Harvard Universität zurück. Erst nach dem zweiten Weltkrieg wurden Assessment Centers in der Industrie eingesetzt. Eines der ersten amerikanischen Unternehmen, das diese Methode einsetzte, war 1956 A. T. u. T. Es folgten dann relativ schnell mehrere große amerikanische Firmen, die die Vorteile dieser Methode bei der Führungskräfteauswahl erkannten. In den USA wird die Assessment Center-Methode bereits von vielen Unternehmen eingesetzt. So unter anderem von IBM, General Elektric, General Motors, Shell, Kodak und Sears.

In Deutschland fand die Assessment Center-Methode Eingang durch die Niederlassungen amerikanischer Konzerne. Mittlerweile werden Assessment Center unter anderem bei folgenden Firmen durchgeführt: Agfa-Gaevert, Allianz Versicherungen, Daimler Benz, Deutsche Bundespost, Ford, Henkel, Karstadt, Kaufhof, Vereinigte Versicherungsgruppe, u. a.

Auch der „Arbeitskreis Assessment Center" hat viel zur Verbreitung dieser Methode beigetragen. Im Augenblick stehen verschiedene größere Firmen kurz vor der Einführung des Assessment Centers. Dies zeigt um so mehr die praktische Bedeutung, die diese Methode mehr und mehr gewinnt. Zu erwähnen ist noch, daß einige deutsche Beratungsgesellschaften Teile der Assessment Center-Methode bereits seit den fünfziger Jahren einsetzen.

2.2. Die Vorteile gegenüber herkömmlichen Auswahlverfahren

Als herkömmliche Auswahlverfahren kann man graphologische Gutachten, psychologische Tests, Einzelinterviews, Beurteilung der Bewerbungsunterlagen, Beschäftigungs- und Lebenslaufanalysen ansehen.

Insbesondere das graphologische Gutachten ist in vielen deutschen Unternehmen bei der Besetzung von Führungspositionen immer noch weit verbreitet. In letzter Zeit hat auch die Anwendung von psychologischen Testverfahren mehr und mehr Eingang in die Personalbeurteilung gefunden. Die Sichtung der Bewerbungsunterlagen und das Einzelgespräch mit dem Bewerber sind wohl eine Selbstverständlichkeit bei der Besetzung wichtiger Positionen. Nicht zuletzt die ständig steigenden Personalkosten haben es notwendig gemacht, nach verbesserten Auswahlverfahren zu suchen. Die Fluktuation einer wichtigen Führungskraft ist für jedes Unternehmen mit hohen Kosten verbunden.

Aus dieser Situation heraus wurde das Assessment Center entwickelt, das gegenüber herkömmlichen Auswahlverfahren entscheidende Vorteile bietet. Das Assessment Center versucht prognostische Aussagen zu treffen, die sich auf den Arbeitsplatz beziehen.

Wie wird sich z. B. ein Mitarbeiter als Führungskraft bewähren, obwohl er solche Funktionen noch nie ausgeübt hat? Wird ein erfolgreicher Außendienstmitarbeiter die Fähigkeiten besitzen, als Verkaufsleiter zu überzeugen?

Diese Fragestellungen zeigen gleichzeitig, daß ein gutes Assessment Center immer aus Übungen bestehen sollte, die zukünftige Aufgaben simulieren. So werden die Kandidaten, z. B. bei der Auswahl eines Verkaufsleiters, mit praktischen Fragestellungen des zukünftigen Aufgabenbereiches konfrontiert. Es geht um die Motivation von Mitarbeitern, um Überzeugungskraft, Durchsetzungsfähigkeit, Menschenkenntnis, Arbeitsorganisation. Die Übungen simulieren Situationen, in denen derartige Eigenschaften von den Teilnehmern nachgewiesen werden können. In einem Assessment Center werden also nur die für die zukünftige Tätigkeit relevanten Verhaltensweisen beobachtet. Dies bedeutet einerseits eine Einengung des Beobachtungsspektrums, andererseits ergibt sich eine größere Relevanz und Beobachtungsgenauigkeit. Je exakter festumrissene Verhaltensweisen im Assessment Center beobachtet werden, desto genauer und objektiver fallen die Beurteilungsaussagen aus. Es geht also nicht darum, eine Gesamtbeurteilung der verschiedenen Persönlichkeiten vorzunehmen, sondern darum, eine Aussage zu treffen, die für die zukünftige Erfüllung einer bestimmten Aufgabe Bedeutung hat.

Ein Assessment Center sollte firmenspezifisch zusammengestellt werden. Das heißt, daß nur diejenigen Übungen eingesetzt werden, deren Aussagekraft für das Unternehmen, bzw. die in Frage stehenden Positionen von Bedeutung sind.

Ein weiterer Vorteil des Assessment Centers besteht darin, daß mehrere Auswahlmethoden eingesetzt werden. Z. B. Gruppendiskussionen, Selbst- und Fremdeinschätzungen, Fallstudien, Entscheidungsübungen, Fragebogen, Einzel- und Gruppeninterviews, Rollenspiele, Präsentationen, Vorträge, Interaktionsanalysen.

Die Kombination verschiedener Methoden erhöht die Aussagekraft. Mit der Wahl der Methode wird zum Teil die Art des Ergebnisses bestimmt. Ein unterschiedlicher Methodeneinsatz erlaubt daher auch eine differenziertere

Ergebnisaussage. Die Auswahl spezifischer praxisrelevanter Methoden erhöht die Aussagegültigkeit des Ergebnisses. Je mehr durch die Auswahl spezifischer Methoden die zukünftige Praxis simuliert wird, um so zuverlässiger wird das Ergebnis.

Ein weiterer Vorteil des Assessment Centers besteht darin, daß die gleiche Personengruppe zur gleichen Zeit beurteilt wird. Dies reduziert auf jeden Fall die Wahrscheinlichkeit von unterschiedlichen Beurteilungssituationen und Variationen bei den Übungen, sowie bei der Entscheidungsfindung. Außerdem haben die Teilnehmer des Assessment Centers die Möglichkeit, ihre Mitbewerber kennenzulernen. Dies stellt auf jeden Fall einen Gewinn dar. Denn man lernt dabei gleichzeitig die Eigenschaften und die Persönlichkeit des erfolgreichsten Mitbewerbers kennen.

Jedes gute Assessment Center sollte für die Teilnehmer völlig durchschaubar sein. Dies schafft eine angstfreie Atmosphäre, in der sich die einzelnen Teilnehmer voll entfalten können. Jeder fühlt sich fair und gerecht behandelt und kann auch um so eher das Ergebnis akzeptieren. Der gesamte Ablauf des Assessment Centers und der Sinn und Zweck der Übungen sollten für jeden Teilnehmer voll durchschaubar sein. Ebenso sollte auch jedem klar sein, wie das Ergebnis zustande kommt.

Die Art der Übungen, die Beobachtungskriterien und die abzuleitenden Schlußfolgerungen sollten genau festgelegt sein. Man spricht hier auch von einer **Standardisierung** des Assessment Centers. Nur wenn ein Assessment Center in dieser Art klar vorbereitet wird, kann eine vergleichbare Aussage getroffen werden, denn es sollte auch möglich sein, die Teilnehmer aus verschiedenen Assessment Centern miteinander zu vergleichen.

Da in das Assessment Center Firmenmitglieder als Beobachter mit einbezogen werden, erhöht sich die Wahrscheinlichkeit, daß firmenspezifische Belange berücksichtigt werden. In der Regel entstammen die Beobachter der Hierarchieebene, die zwei Stufen über der der Teilnehmer liegt.

Durch die Teilnahme der Firmenmitglieder als Beobachter erhöht sich auch die Durchsetzbarkeit der aus dem Assessment Center gewonnenen Ergebnisse. Es ist ein bekanntes Phänomen, daß man sich für eine Entscheidung um so mehr einsetzt, je intensiver man an ihr beteiligt war.

Für jeden Teilnehmer des Assessment Centers wird am Ende ein ausführlicher Bericht erstellt. Daneben sollte in jedem Fall ein persönliches Beurteilungs- und Fördergespräch geführt werden. Hier kann das Ergebnis in all seinen Aspekten besprochen werden. Vorschläge für Fördermaßnahmen können erörtert werden, und es kann eine Rückmeldung für das gezeigte Verhalten erfolgen.

In letzter Zeit gewinnt der Personalentwicklungsaspekt des Assessment Centers an Bedeutung. Zwar wurde das Assessment Center vorwiegend zur Personalauswahl eingesetzt, aus der Sicht der Teilnehmer ist der persönliche Förderaspekt aber von erheblicher Bedeutung. Natürlich ist es auch Ziel jeder Organisation, das Leistungspotential seiner Mitarbeiter in Abstimmung mit deren persönlichen Bedürfnissen voll zu entfalten.

Schließlich ist auf die hohe Zuverlässigkeit (Reliabilität) und Gültigkeit (Validität) des Assessment Centers hinzuweisen. Unter Zuverlässigkeit bzw. Reliabilität versteht man den Grad der Genauigkeit, mit dem ein bestimmtes Persönlichkeits- oder Verhaltensmerkmal gemessen wird. Dabei kann man die Interrater-Reliabilität und die Test-Retest-Reliabilität unterscheiden. Bei der Interrater-Reliabilität kann man feststellen, inwieweit die Ergebnisse von der Person des Auswerters unabhängig sind. Bei der Testwiederholung kann man feststellen, in welchem Maße unsystematische Meßfehler in einem Meßinstrument enthalten sind. Es gibt mittlerweile eine Reihe von Reliabilitätsuntersuchungen, die nachgewiesen haben, daß beim Assessment Center ein hoher Grad der Reliabilität erreicht wird (Bray & Grant, 1966), (Dicken & Black, 1965). Dabei wurden Werte von .60 bis .99 erreicht. Testtheoretische Überlegungen bezeichnen einen Wert von .70 als ausreichend.

Der Grad der Gültigkeit oder der Validität gibt an, ob wir tatsächlich genau das messen, was wir messen wollen. Es wird dabei zwischen externer Validität (Übereinstimmungs- und Vorhersagevalidität) und inhaltlicher Validität unterschieden. Bei der externen Validität versucht man, ein äußeres Kriterium zur Überprüfung heranzuziehen, im Falle des Assessment Centers zum Beispiel:

- Zahl der Beförderungen,
- Einkommenszuwachs,
- Zuwachs an Verantwortung,
- Hierarchieebene.

Bei der Bestimmung der äußeren Kriterien ergeben sich eine Reihe von Schwierigkeiten, da auch nicht zu beeinflussende äußere Faktoren diese Kriterien bestimmen können. Ein Lösungsschritt könnte darin bestehen, daß man mehrere Kriterien einbezieht, wie das Klimoski und Strickland (1977) getan haben.

34

Im folgenden sei ein Überblick über veröffentlichte Validitätsstudien zum Assessment Center-Verfahren gegeben (zitiert nach Jeserich, 1981).

Quelle	Unter-nehmen	Anzahl der Kandidaten	Kriterien	Validität
Bray & Grant (1966)	AT & T	422	Hierarchieebene Gehalt(szuwachs)	.44 − .71
Bentz (1966)	Sears & Roebuck	51	Kombination aus Vorgesetztenbeurt. Selbstbeurteilung Gehaltszuwachs	.29 − .51
Bray & Campbell (1968)	AT & T	78	spezielle Leistungs-beurteilung am Arbeitsplatz	.51
Dodd & McNamara (1968)	IBM	64	Hierarchieebene	.38
Wollowick & McNamara (1969)	IBM	94	Zuwachs an Verantwortung	.37
Hinrichs (1969)	IBM	47	Hierarchieebene	.26
Carleton (1970)	SOHIO	122	Vorgesetztenbeurt., 30–60 Monate später	.65
Moses (1971)	AT & AT	5943	Beförderung	.46
Moses & Boehm (1975)	AT & AT	4848	Hierarchieebene	.37
Huck & Bray (1976)	AT & AT	126	Vorgesetzten-beurteilung	Weiß: .41, Schwarz: .35
			Aufstiegspotential	.59 − .54
Hinrichs (1978)	IBM	30	Hierarchieebene	.65

Nach Friederichs (1979) ergeben sich die höchsten Korrelationen zwischen der Gesamtbeurteilung im Assessment Center und dem Außenkriterium „Beförderung" bei der führerlosen Gruppendiskussion, dem standardisierten Interview und dem Postkorb.

Nach Huck (1973) beträgt bei einer Zufallsauswahl die Wahrscheinlichkeit, einen überdurchschnittlichen Mitarbeiter zu finden, circa 15 %. Bei Einsatz traditioneller Verfahren beträgt die Wahrscheinlichkeit 35 %. Mit Hilfe des Assessment Centers beträgt sie aber 76 %. Bei der Beurteilung der Validität des Assessment Centers ergibt sich ein Hauptproblem aus der unausgereiften Validierungsmethodik. Die Wahl aussagefähiger Außenkriterien ist nämlich außerordentlich schwer.

Insbesondere Klimoski und Strickland (1977) haben darauf hingewiesen, daß Assessment Center zwar den Erfolg in einer Organisation vorhersagen können, daß es aber manchmal unklar ist, ob sie tatsächlich Kompetenz, Effizienz und überlegene Fähigkeiten reflektieren. Klimoski und Strickland weisen auch darauf hin, daß es bisher wenige Untersuchungen gibt, die alternative Prädikatoren diskutieren, zum Beispiel biographische Daten, Peer-Einschätzungen oder Urteile von Vorgesetzten.

Turnage und Muchinsky (1964) bestätigen in ihrer Untersuchung zwar, daß das Assessment Center sehr gut diejenigen Kandidaten bestimmen kann, die in einer Organisation erfolgreich sein werden. Sie weisen aber darauf hin, daß diejenigen, die in der Hierarchie aufsteigen, nicht immer die besten Mitarbeiter sind. So könnte mit Hilfe des Assessment Centers zwar bestimmt werden, wer in einer spezifischen Organisation mit großer Wahrscheinlichkeit erfolgreich sein wird, Schwierigkeiten treten aber dann auf, wenn andere objektive Erfolgskriterien herangezogen werden, wie es sich insbesondere in der Validitätsuntersuchung von Turnage und Muchinsky gezeigt hat.

Schwierigkeiten bei der Einschätzung der Validität können auch dadurch auftreten, daß allein schon die erfolgreiche Teilnahme an einem Assessment Center die Selbsteinschätzung der Teilnehmer erheblich steigern kann. Die Teilnehmer vermuten, daß sie sehr wertvoll für ihre Organisation sind. Demzufolge steigt ihr Selbstbewußtsein, und demzufolge kann auch ihr Erfolg im Unternehmen steigen. So können wir es hier auch mit einer „self-fullfilling-prophecy" zu tun haben, die sich allerdings positiv auswirkt. Nur bei der Einschätzung der Validität kann sich hier eine Fehlermöglichkeit einschleichen, die für die wissenschaftliche Betrachtung des Assessment Centers problematisch ist, für den Praktiker allerdings höchst willkommen.

Die Attraktivität des Assessment Centers beruht darauf, daß dieses Verfahren mit profunden, psychometrischen Prinzipien untersucht wurde. Eine Reihe von Evaluierungsuntersuchungen haben die psychometrische Effizienz dieser Methode demonstriert. Assessment Center können eine Vorhersage in verschiedenen Bereichen treffen und zwar mit Validitätsquotienten von .50 bis .60. Auch bei standardisierten Assessment Centern hat man Validitätsquotienten von .40 erreicht. Dabei ging man so vor, daß zunächst eine Arbeitsanalyse gemacht wurde, dann die Hauptkriterien festgelegt wurden, und danach das entsprechende Assessment Center-Verfahren ausgewählt wurde.

Die klassischen Validitätsuntersuchungen sind allerdings auch nicht ohne Kritik geblieben. Eine der Hauptkritiken wird von Caszio und Silbey (1979) beschrieben. Sie weisen darauf hin, daß Validitätsuntersuchungen nicht allein ausreichen, um den Wert eines Verfahrens zu beschreiben, da verschiedene externe Parameter der Situation mit einbezogen werden müssen, um die Nützlichkeit eines Verfahrens letztendlich zu bestimmen. Die Nützlichkeit eines Verfahrens hängt nicht nur von der Validität ab, sondern auch von den Kosten des gesamten Verfahrens, von der Standardabweichung der Kriterienwerte und von der Anzahl der an diesem Verfahren teilnehmenden Probanden. Auch muß im Auge behalten werden, daß bei der Personalselektion in einem Unternehmen diese Tatsache nicht ohne Auswirkungen auf das übrige Personal ist. Wallace (1965) hat darauf hingewiesen, daß die optimale Strategie zur Personalauswahl unter Umständen nicht optimal für andere Personalfunktionen, wie zum Beispiel Personalsuche und Personaltraining, sein kann. So muß jede Selektionsprozedur unter dem Gesichtspunkt des gesamten Nutzens für das Unternehmen gesehen werden.

Die Entscheidungstheorie, wie sie insbesondere von Cronbach und Gleser (1965) beschrieben wurde, versucht, die Nachteile dieser einseitigen Sichtweisen zu umgehen. Cronbach und Gleser gehen davon aus, daß Verfahren vor dem Hintergrund des Ausmaßes, in dem sie Entscheidungen erleichtern und verbessern, zu bewerten sind. In diesem Zusammenhang geht man von der Nützlichkeitsanalyse aus, die, verkürzt gesagt, den erwarteten Nutzen beschreibt, den eine Organisation durch die Anwendung eines Verfahrens hat. Wenn man mehrere Entscheidungsstrategien hat, dann wird jeweils die Entscheidungsstrategie vorzuziehen sein, die die Nützlichkeit maximiert, bezogen auf sämtliche Organisationsergebnisse. Unter dem Nützlichkeitsaspekt wurde das Assessment Center erst andeutungsweise untersucht (Caszio und Silbey 1970). Sie gehen davon aus, daß das Assessment

Center unter dem Gesichtspunkt des Nützlichkeitsmodells interpretiert werden muß. Es ist der Fall denkbar, daß ein Verfahren eine sehr hohe Validität besitzt, aber trotzdem unter Nützlichkeitsgesichtspunkten nicht das beste Verfahren ist. So könnte zum Beispiel ein sehr valides Verfahren innerhalb einer Organisation so hohe Kosten verursachen und so weitreichende negative Auswirkungen haben, daß es unter Gesamtaspekten nicht opportun wäre, dieses Verfahren einzusetzen. In der Untersuchung von Caszio und Silbey (1979) zeigte es sich, daß das Assessment Center unter Nützlichkeitsaspekten dann besonders wertvoll ist, wenn es um die Auswahl von Personal geht, das in der Gehaltshierarchie relativ weit oben steht oder aber sich in diese Richtung entwickeln wird.

Schuler und Stehle (1985) beschreiben einen sehr interessanten Aspekt des Assessment Centers, nämlich den Aspekt der sozialen Validität. Schuler und Stehle halten das „Assessment Center aufgrund der Entwicklungsmöglichkeiten, der Offenheit, Flexibilität und Lernfähigkeit für das augenblicklich bestgeeignete Verfahren."

Unter dem Begriff der sozialen Validität verstehen sie eine Sammelbezeichnung für die Tatsache, durch die die „eignungsdiagnostische Situation" zu einer akzeptablen, sozialen Situation gemacht wird. Sie unterscheiden vier Aspekte der sozialen Validität:

- die Berücksichtigung sozialpsychologischer Anforderungen,
- die Partizipation,
- die Kommunikation,
- die Transparenz.

Die Berücksichtigung sozialpsychologischer Anforderungen wird durch „den Einsatz der organisationsinternen Beurteiler" erreicht, die sozialklimatische Aspekte berücksichtigen.

Partizipation wird erreicht durch die Einbindung der Betroffenen sowohl bei der Entwicklung als auch bei der Durchführung. Für die Teilnehmer ist der gesamte Assessment Center-Ablauf durchsichtig. Die Ergebnisse werden offen und fair besprochen. Jeder Teilnehmer erhält eine direkte Rückmeldung. Hierin zeigt sich bereits der hohe Grad der Transparenz. Insbesondere darin, daß „Beurteilungskriterien, Beurteilungsmaßstäbe, Prinzipien des diagnostischen Schlusses und Urteilsaggregationen für die Betroffenen einsichtig sind".

Der Kommunikationsaspekt zeigt sich in einem wechselseitigen Informationsaustausch. Der Teilnehmer, besonders wenn er von außen kommt, erhält auch für sich entscheidungsrelevante Informationen über das Unternehmen. Anhand der Assessment Center-Übung kann er nämlich erkennen, welche Anforderungen an ihn vermutlich zukünftig gestellt werden. Gerade unnötige Fluktuationen können dadurch vermieden werden, indem der Teilnehmer rechtzeitig ein realistisches Bild von seinem zukünftigen Unternehmen und von seinen zukünftigen Arbeitsanforderungen erhält.

Zusammenfassend seien noch einmal die entscheidenden **Vorteile** eines Assessment Centers genannt:

1. Es wird ein höherer Grad an Objektivität und Validität erreicht.
2. Nur die Leistung und fest umrissene Verhaltensweisen und nicht die Gesamtpersönlichkeit werden beurteilt.
3. Praxisnahe Situationen werden simuliert.
4. Die Beurteilung erfolgt durch mehrere Beurteiler.
5. Ein Assessment Center wird firmenspezifisch zusammengestellt.
6. Mehrere Methoden kommen zum Einsatz.
7. Es wird zum gleichen Zeitpunkt beurteilt.
8. Das Assessment Center kann in bestehende Karriere- und Trainingsprogramme eingebunden werden.
9. Es erfolgt eine persönliche, keine anonyme schriftliche Beurteilung.

2.3. Die Auswahl der Teilnehmer

Ein Assessment Center besteht in der Regel aus 6 bis 12 Teilnehmern. Bei einer kleineren Teilnehmerzahl kommen bestimmte Gruppenprozesse nicht in Gang, bei einer größeren Teilnehmerzahl wird die Gruppe unüberschaubar. Die Aussagekraft bestimmter Gruppenübungen läßt dann stark nach.

Mit der Auswahl der Teilnehmer werden bereits bestimmte Vorentscheidungen getroffen. Denn nur, wer zum engeren Kreis der Kandidaten gehört, hat die Möglichkeit, in den Genuß gezielter Fördermaßnahmen zu kommen. Es hat sich als günstig erwiesen, bereits in diesem Stadium bestimmte Kriterien für die Teilnahme an einem Assessment Center zu entwickeln. Bei der Auswahl der Teilnehmer hat es sich auch als günstig erwiesen, Minimalkriterien aufzustellen. Diese **Minimalkriterien** könnten z. B. sein: Alter, Geschlecht, Mobilität, berufsbezogene Ausbildung, Führungserfahrung, Weiterbildung auf eigene Initiative hin. Zuweilen kann es vorkommen, daß auch befähigte potentielle Führungskräfte nicht zu einem Assessment Center angemeldet werden, da der direkte Vorgesetzte in einem Rivalitätsverhältnis zu seinen Untergebenen steht. Man möchte sich keinen gefährlichen Rivalen heranzüchten. Im Sinne des Gesamtunternehmens ist es aber gerade wichtig, potentielle Führungspersönlichkeiten frühzeitig zu erkennen und zu fördern.

Die Auswahl der Teilnehmer für ein Assessment Center richtet sich auch nach den Zielen des Assessment Centers. Hier kann man drei Arten des Assessment Centers unterscheiden:

- Assessment Center als Auswahlseminar
- Assessment Center als Beurteilungsseminar
- Assessment Center als Personalentwicklungsseminar

Die ursprüngliche Absicht des Assessment Centers konzentrierte sich auf die Auswahl von Führungskräften, auf die Auswahl des besten Bewerbers für eine vakante Führungsposition. An diesem Seminar würden also alle diejenigen teilnehmen, die von ihren Voraussetzungen her für diese Führungsposition in Frage kämen. Bei der Vorauswahl für solch ein Seminar würden bereits Kriterien wie Durchsetzungskraft, Überzeugungskraft, Kooperationsbereitschaft und Menschenführung, beruflicher Erfolg in der bisherigen Tätigkeit, eine Rolle spielen. Je genauer die Stellenbeschreibung der vakanten Führungsposition erfolgte, um so gezielter kann bereits die Vorauswahl für das betreffende Assessment Center vorgenommen werden.

Neben der Auswahl von Führungskräften kann mit dem Assessment Center auch die Auswahl eines entsprechenden Spezialisten vorgenommen werden. Hierbei sind die Kriterien für die Vorauswahl enger gesteckt. Spezielle Vorkenntnisse werden verlangt, Ausbildung und bisherige Erfahrung spielen eine große Rolle.

Das Assessment Center als Beurteilungsseminar zielt darauf ab, zusätzliche Informationen für eine Beurteilung zu gewinnen. So können z. B. die Gründe durchleuchtet werden, warum ein Verkaufsleiter in ständiger Konfrontation zu seinen Mitarbeitern steht. Zum anderen kann in einem Beurteilungsseminar eine Potentialbeurteilung erfolgen. Hat ein Mitarbeiter z. B. das Potential, zu einem späteren Zeitpunkt wichtige Führungspositionen zu bekleiden? Kann er bei seiner bisherigen Tätigkeit seine Fähigkeiten überhaupt voll einsetzen? Ist er möglicherweise unterfordert? Oder vielleicht überfordert?

Bei der Auswahl dieser Teilnehmer spielen natürlich bestimmte Erwartungen bereits eine Rolle. Mitarbeiter, die sich in ihrem bisherigen Aufgabenbereich durch besondere Arbeitsleistungen hervorgetan haben, oder aber

Mitarbeiter, denen man durch ein solches Seminar eine Möglichkeit zur Eigenbeurteilung geben möchte, könnten mit Nutzen an einem Assessment Center teilnehmen.

Beim Assessment Center als Entwicklungsseminar geht es darum, den Weiterbildungsbedarf qualifizierter Mitarbeiter zu ermitteln. Daneben sollen die Teilnehmer eine Rückmeldung über ihr eigenes Verhalten bekommen. Seminare dieser Art sind besonders für diejenigen Mitarbeiter geeignet, die in ihrem Aufgabenbereich mit sich ständig verändernden Anforderungen konfrontiert sind. Die meisten Teilnehmer besuchen gerade diese Seminare mit großem Gewinn, da sie auch für ihren persönlichen Bereich eine Rückmeldung erhalten.

Da das Assessment Center als Personalentwicklungsseminar eine erhebliche Investition für das Unternehmen darstellt, erklärt sich hieraus vielleicht die Tatsache, daß diese Seminare überwiegend mit Mitarbeitern des eigenen Unternehmens durchgeführt werden.

In der Praxis wird auch häufig eine Kombination der verschiedenen Arten des Assessment Centers angewandt. Die Vorteile der verschiedenen Seminare können damit gebündelt werden. Dem Assessment Center als Personalentwicklungsseminar wird vermutlich zukünftig die größte Bedeutung zukommen.

Wer entscheidet nun über die Auswahl für die Teilnahme an einem Assessment Center? Die Schwerpunkte werden je nach Ziel des Assessment Centers unterschiedlich liegen. Als Entscheidungsträger sind denkbar: die Personalabteilung, das Linienmanagement, die Geschäftsführung. Wichtig für die Auswahl ist auf jeden Fall, daß sie durchschaubar ist und sich alle potentiellen Teilnehmer fair behandelt fühlen. Nichts ist schlimmer als ein Gefühl des Übergangenseins.

Bei der Zusammensetzung der Gruppen stellt sich die Frage, ob eine homogene oder inhomogene Struktur bevorzugt werden sollte. Diese Frage läßt sich nicht eindeutig beantworten. Bei der Auswahl eines Spezialisten kann es sich nur um Teilnehmer mit gleichen Voraussetzungen handeln. Bei der Auswahl einer Führungskraft kann es sehr wohl günstig sein, unterschiedliche Persönlichkeiten einzubeziehen, um ein möglichst großes Spektrum von Fähigkeiten und Eigenschaften in die Beurteilung einfließen zu lassen.

Gelegentlich können auch Widerstände bei Teilnehmern auftreten, an einem Assessment Center teilzunehmen. Hier hilft nur eine konsequente Information über Ziel und Zweck des Assessment Centers. Das Seminar muß für jeden Teilnehmer durchschaubar sein. Jeder Teilnehmer muß wissen, was ihn erwartet und was mit den erhaltenen Informationen gemacht wird. Nur wenn man sich fair behandelt fühlt, wird man bereitwillig an einem Assessment Center teilnehmen wollen. Gerade die Teilnehmer, die bereits an einem Assessment Center teilgenommen haben, werden das Image zukünftiger Assessment Center in einem Unternehmen beeinflussen. Positive Erlebnisse im Assessment Center begünstigen die Akzeptanz des Instruments im Unternehmen.

Schließlich ist noch zu berücksichtigen, daß die Beurteiler und Teilnehmer eines Assessment Centers in den meisten Fällen aus dem gleichen Unternehmen stammen. Dies erfordert insbesondere die Wahrung von Vertraulichkeit und ein hohes Verantwortungsbewußtsein.

Der Einsatz eines Assessment Centers ist nur dann sinnvoll, wenn genügend Kanidaten zur Verfügung stehen. Wenn man z. B. von 10 Kandidaten 9 nehmen muß, ist der Aufwand für ein Assessment Center viel zu groß. Hier reichen grobere Auswahlmethoden aus.

2.4. Die Auswahl und das Training der Beobachter

Als Beobachter der Teilnehmer werden ranghöhere Vorgesetzte eingesetzt, die in der Regel ein bis zwei Hierarchiestufen höher angesiedelt sind. Außerdem nehmen Mitarbeiter der Personalabteilung und externe Berater als Beobachter teil. Daneben werden bei manchen Assessment Center-Modellen ein bis zwei Moderatoren eingesetzt, die ausschließlich für die Organisation und den Ablauf des Assessment Centers zuständig sind.

Es hat sich als günstig erwiesen, daß die Beobachter in keinem direkten Vorgesetztenverhältnis zu den Teilnehmern stehen, da dadurch Verfälschungen durch bestehende Rollenbeziehungen auftreten können.

Die Tatsache, daß Linienvorgesetzte als Beobachter teilnehmen, hat einen entscheidenden Vorteil. Die Durchsetzbarkeit der getroffenen Entscheidungen wird erheblich erhöht. Die Linienvorgesetzten übernehmen auch nach dem Assessment Center die Verantwortung für die vorgesehenen Maßnahmen.

Die Mitarbeit der Personalfachleute ist notwendig, um die Personal- und Fördermaßnahmen auch aus der Sicht des Gesamtunternehmens mit zu beeinflussen. Ein externer Berater sollte auf jeden Fall an einem Assessment Center teilnehmen, um die Erfahrungen aus anderen Unternehmen mit einzubringen.

Bei der Zusammensetzung der Beobachtergruppe gibt es in den Unternehmen sehr große Unterschiede. Dies zeigt sich schon darin, daß die Beobachteranzahl je nach Gruppengröße zwischen zwei und sechs schwankt. Für eine größere Zahl von Kleingruppen werden entsprechend mehr Beobachter benötigt.

Bei einem Beobachtertraining geht es darum, die kognitiven Prozesse der Verhaltensbeobachtung, Informationskategorisierung und -speicherung, Informationsrückgewinnung und -integration bei der Urteilsabgabe nachzuvollziehen. Gerpott (1985) unterscheidet ein „beurteilerfehlerorientiertes Training", das sich auf die Urteilsabgabe konzentriert und durch Informationen der Beurteiler über die Vermeidung von Beurteilungsfehlern eine Verbesserung der Qualität des Beurteilungsprozesses anstrebt und einem „beurteilergenauigkeits-orientierten Training", das auf eine Verbesserung der Verhaltensbeobachtung in der Beobachtungsperiode, die der Erstellung der Leistungsbeurteilung vorangeht, abzielt.

Bei einem Beurteilertraining können folgende Techniken eingesetzt werden:

1. Wissensvermittlung
2. Feed-Back über das eigene Beurteilerverhalten
3. Darstellung von modellhaften Simulationssituationen
4. Konkrete Rollenspiele, um spezifische Beurteilungssituationen zu demonstrieren

Gerpott weist darauf hin, daß psychometrische Werte der Beurteilungsqualität unzulänglich sind, zum Beispiel der Mittelwert der Leistungsbeurteilung über alle Beurteilten oder die Varianz der Beurteilungen einer Leistungsdimension über alle Beurteilten (Streuungstendenzen).

Das Training der Beobachter erfolgt in einem ein- bis zweitägigen Seminar vor dem eigentlichen Assessment Center. In diesem Seminar werden die Beobachter mit der Zielsetzung des Assessment Centers vertraut gemacht. Handelt es sich z. B. um ein Auswahl-, Beurteilungs- oder Personalförderungsseminar? Kommt ein Assessment Center zur Anwendung, das eine Kombination verschiedener Methoden darstellt? Wie sehen die Anforderungsprofile aus?

In einem zweiten Schritt werden die Beobachter mit den verschiedenen zum Einsatz kommenden Übungen vertraut gemacht. Bei manchen Assessment Centern beschränkt sich das Training der Beobachter allerdings allein auf die Beobachterschulung. Dadurch wird zwar die Aufmerksamkeit für Beobachtungsfehler erhöht, auf der anderen Seite wächst das Verständnis für die Beobachtungskriterien, wenn man die verschiedenen Übungen selbst durchgeführt hat. Aus Zeitgründen wird sich dies allerdings nicht immer erreichen lassen.

Auch sollte in diesem frühen Stadium eine Korrektur bei der Zusammenstellung der Übungen möglich sein. Hier können die direkten Erfahrungen der Linienvorgesetzten genutzt werden.

In einem weiteren Schritt werden die Beobachtungsdimensionen erörtert. Es geht dabei darum, subjektive Interpretationen so weit wie möglich zu vermeiden. Die Bewußtheit für Vorurteile sollte dabei gesteigert werden. Beobachtet wird das tatsächlich gezeigte Verhalten. Dies ist nicht immer einfach, da in jede Beobachtung subjektive Erfahrungen und Einschätzungen mit eingehen. Auch beobachten wir selektiv, das heißt, daß wir nur immer einen bestimmten Ausschnitt wahrnehmen, der bestimmt wird durch unsere eigenen Interessen und Neigungen.

Vorgegebene Beobachtungsdimensionen und Beobachtungsbögen verbessern die Objektivität der Beobachtung. Dabei wird exakt angegeben, welches Verhalten beobachtet und in welcher Art die Beobachtung registriert werden sollte. Bei einer Gruppendiskussion kann z. B. festgestellt werden, wie häufig der eine Gesprächspartner dem anderen in das Wort fällt, oder aber wie häufig der einzelne Gesprächspartner das Wort ergreift. Auch die Rededauer läßt sich erfassen.

Erfahrungsgemäß sind wir mit dieser Art der Beobachtung wenig vertraut. Aus diesem Grunde ist eine Schulung in der exakten Verhaltensbeobachtung unbedingt notwendig.

Weiterhin ist es sehr wichtig, daß man sich auf eine gemeinsame Sprachregelung einigt. Die verwendeten Begriffe müssen definiert werden, damit auch jeder das gleiche damit bezeichnet. Gerade dieser Punkt hat sich als besonders wichtig erwiesen. Es ist erstaunlich, wie häufig mit gleichen Begriffen völlig unterschiedliche Sachverhalte bezeichnet werden.

In den verschiedenen Übungen sollte nur nach zwei bis drei Kriterien beobachtet werden. Es ist kaum möglich, zehn verschiedene Eigenschaften gleichzeitig zu beobachten. Damit wäre jeder Beobachter überfordert. Die Zuordnung der Übungen zu den einzelnen Beobachtungsdimensionen muß also klar definiert sein. Auch muß es für den Beobachter durchsichtig sein, warum gerade bei einer bestimmten Übung bestimmte Verhaltensdimensionen besonders gut beobachtet werden können.

Ebenso sollte sich jeder Beobachter darüber im klaren sein, daß Verhalten immer auch eine Reaktion darstellt. Das heißt, daß bestimmte Verhaltensweisen durch andere Personen ausgelöst werden und entsprechend bestimmte Verhaltensweisen erst gar nicht gezeigt werden, wenn die soziale Situation dies nicht ermöglicht. Auf jeden Fall sollte auch die Möglichkeit zur Probebeurteilung gegeben sein.

Einen weiteren wichtigen Punkt beim Beurteilertraining stellt das Thema Beobachtungs- und Beurteilungsfehler dar. Schützen kann man sich vor ihnen nur, wenn man sich der Fehlertendenzen bewußt wird.

Die Beobachterergebnisse müssen in einem weiteren Schritt bewertet werden. Hierbei spielt das Anforderungsprofil eine wichtige Rolle, denn die Bewertung erfolgt vor dem Hintergrund des Anforderungsprofils. Man muß sich daher zunächst über die Eigenschaften und Fähigkeiten der Führungskraft im klaren sein. In einem zweiten Schritt wird überlegt, in welchen Verhaltensweisen sich diese Eigenschaften zeigen. Anschließend ist festzulegen, wie diese Verhaltensweisen beobachtet werden können. In einem vierten Schritt muß man sich darüber im klaren sein, wie von den Ergebnissen der Beobachtung auf die geforderten Führungseigenschaften geschlossen werden kann.

Beim Beobachtertraining wird außerdem die Zusammenfassung der Ergebnisse und die Gutachtenerstellung diskutiert. Es werden Richtlinien für die Darstellung des Gutachtens zusammengestellt und Hinweise für die Führung des Abschlußinterviews gegeben. Ein Mustergutachten wird dargestellt und die Wirkungen des Gutachtenergebnisses auf die Teilnehmer diskutiert.

Es stellt sich schließlich die Frage, ob ein Beobachtertraining von ein bis zwei Tagen ausreichend ist. Zweifellos läßt sich ein längeres Training in den meisten Fällen aus Zeitgründen nicht durchführen. Auf der anderen Seite muß man sich auf eine standardisierte Beobachtung erst genügend einstellen, da sie unseren alltäglichen Gewohnheiten widerspricht. Sollte man also nicht von vornherein lieber ausschließlich Experten für diese Aufgabe heranziehen, z. B. externe Berater, Personalfachleute, Psychologen? Auf der anderen Seite muß berücksichtigt werden, daß Linienvorgesetzte eine sehr gute Vorstellung davon haben, über welche Fähigkeiten eine erfolgreiche Führungskraft in ihrem Unternehmen verfügen sollte. Dies stellt einen entscheidenden Vorteil dar.

Die unmittelbare Beteiligung der Führungskräfte am Entscheidungsprozeß für Personalfragen ist ein nicht zu unterschätzender Faktor. Hierbei wird der Erfahrungsschatz führender Mitarbeiter genutzt. Außerdem wird die Durchsetzbarkeit getroffener Personalentscheidungen wesentlich erhöht, da die Linienvorgesetzten ihre zukünftigen Mitarbeiter selbst mit ausgewählt bzw. für Fördermaßnahmen vorgeschlagen haben.

Schließlich sei noch darauf hingewiesen, daß beim Training der Beobachter insbesondere der Unterschied zwischen Verhaltensaufzeichnung und Verhaltensbewertung verdeutlicht werden muß. Die Bewertung erfolgt erst in einem weiteren Schritt und muß streng von der Verhaltensaufzeichnung getrennt werden.

Ein wichtiger „Zweitnutzen" von Assessment Centern wird auch darin gesehen, daß die Beurteiler sich selbst in Basisführungsfähigkeiten wie Interviewen, Beobachten und Bewerten trainieren. In manchen Unternehmen gibt es bereits ein Pool von trainierten Beurteilern, die ein bis zwei Mal pro Jahr an einem Assessment Center teilnehmen. Dieser Pool besteht in der Regel aus kompetenten Linienmanagern. Natürlich ist es auch wichtig, daß die Beobachter eine klare Vorstellung über den gesamten organisatorischen Ablauf des Assessment Centers haben. Es hat sich in der Praxis gezeigt, daß trotz des erheblichen Zeitaufwandes die Beobachtertätigkeit sehr gern wahrgenommen und von den Beteiligten als persönliche Bereicherung empfunden wird.

Wie bereits ausgeführt, haben Beobachter-Training und Beobachter-Tätigkeit während des Assessment Centers auch für die Beobachter sehr positive Auswirkungen. Lorenzo (1984) berichtet über eine Untersuchung, in der er diesen positiven Effekten weiter nachgeht. Er geht davon aus, daß der Wert der Beobachter-Tätigkeit für die Beobachter bisher empirisch noch kaum untersucht wurde. Insbesondere geht es dabei um die drei Variablen Sammeln, Bewerten und Mitteilen von Informationen über andere Menschen. Das Informationensammeln und Kommunizieren sind wichtige Managementfunktionen. Die Teilnahme an einem Assessment Center als Beobachter stellt eine sehr gute Möglichkeit dar, diese Managementfunktionen zu trainieren. In Lorenzos Untersuchung zeigt sich, daß erfahrene Beobachter, also Beobachter, die schon häufig in dieser Funktion an Assessment Centern teilgenommen hatten, wesentlich mehr relevante Informationen beobachten und bewerten konnten. In Interview-Situationen konnten sie gezielter fragen und stärker Prioritäten setzen, um wesentliche Informationen zu erhalten. Insbesondere die Interviewer-Fähigkeiten konnten weiterentwickelt werden. Daneben hatten erfahrene Beobachter gleichzeitig ihre mündliche und schriftliche Kommunikationsfähigkeit weiterentwickelt. Generell waren die Beobachter in der Lage, Verhalten präziser zu erfassen und exakter zu beschreiben. Lorenzos Untersuchung zeigt eindeutig, daß Manager als Beobachter in Assessment Centern ihre eigenen diagnostischen Fähigkeiten erheblich erweitern konnten. Unterstrichen wird dieses Ergebnis auch durch eine höhere Interraterreliabilität, insbesondere auf den Punkt der Führungseignung bezogen. Auch generelle Beurteilungsfehler, wie der „Halo-Effekt", werden von erfahrenen Beobachtern in stärkerem Maße abgebaut als es bei unerfahreneren Beobachtern der Fall war. Lorenzo schlägt vor, daß die Lernmöglichkeiten, die Manager in der Funktion der Beobachter erhalten, viel stärker systematisiert und als wichtiger Nebeneffekt in die Planung eines Assessment Centers eingebaut werden sollten.

2.5. Die zentralen Beurteilungsfehler

Einer der wichtigsten Fehler ergibt sich aus der Dominanz einzelner Beobachter. Da die Beobachter in der Beobachterkonferenz die Ergebnisse diskutieren, kann es passieren, daß sich jeder Beurteiler mit seinen Ergebnissen so stark identifiziert, daß die Sachdiskussion zu einer Beziehungsdiskussion wird. Dabei versucht der einzelne Beobachter in einem unbewußten oder bewußten Dominanzverhalten seine Ansichten durchzusetzen. Vermeiden kann man dies nur durch eine offene Kommunikation, bei der auch auf einer metakommunikativen Ebene über die verschiedenen Aspekte diskutiert werden kann. Organisatorisch kann man dieses Problem dadurch beheben, daß ausschließlich auf die schriftliche Fixierung der Ergebnisse Bezug genommen wird.

Ein weiterer Beurteilungsfehler ergibt sich aus dem „similar-to-me-effect". Hat der Beobachter den Eindruck, daß der zu beobachtende Kandidat Eigenschaften hat, die seinen eigenen Eigenschaften ähneln, wird er diesen Kandidaten vermutlich positiver beurteilen. Bei der Beobachtung wird also die positive Bewertung der eigenen Person mit der positiven Bewertung der zu beobachtenden Verhaltensweisen der anderen Person verbunden.

Der „Halo-Effekt" gibt an, in welchem Ausmaß von einer einzelnen zu beobachtenden Verhaltensweise auf die Gesamtpersönlichkeit geschlossen wird. Dahinter steht die Tendenz, daß wir unsere Beobachtung häufig auf einzelne wenige Aspekte stützen und unbewußt daraus ein hypothetisches Gesamtbild konstruieren. So kann zum Beispiel eine hervorragende Leistung in einem Gebiet zu einer generell positiven Beurteilung führen.

Der „Erste-Eindruck-Fehler" umschreibt die Tatsache, daß es Beobachter gibt, die einen Menschen nach dem ersten Eindruck beurteilen. In relativ kurzer Zeit bilden wir uns rein gefühlsmäßig von einem Menschen eine positive oder negative Vorstellung. Diese einmal gebildete Vorstellung führt dann zu einem Gesamturteil, das kaum noch zu revidieren ist.

Weitere Beurteilungsfehler sind

- **Wahrnehmungsselektion:** aus objektiv gegebenen Erlebnismöglichkeiten werden nur bestimmte Inhalte wahrgenommen, zum Beispiel weil man Vorurteile hat.
- **Kategorisierung:** Der Beurteilte wird einer Klasse zugeordnet.
- **Einfrieren:** Die einmal vorgenommene Klassifizierung wird – auch bei gegenteiliger Erfahrung – nicht mehr geändert.
- **Eigene Persönlichkeitstheorie:** Von bestimmten Eigenschaften schließt man gerne auf andere, nicht beobachtete Eigenschaften: „Dummheit und Stolz wachsen auf einem Holz".
  Sympathie und Antipathie verzerren Urteile in positiver und negativer Richtung.
- **Die Grundeinstellung des Urteilenden:** Der Objektive orientiert sich nur an Tatsachen; der Überkritische richtet sich einseitig an schlechten Leistungen aus; der Nachsichtige vermeidet negative Urteile; der Vorsichtige gibt Urteile der „blassen Mitte" ab.
- **Ausdrucksfähigkeit und Interpretation:** Unterschiede in der Wortgewandtheit und im Ausdrucksvermögen, sowie in der Interpretation von Beurteilungsmerkmalen führen zu offenen und verdeckten Urteilsdifferenzen.
  Bewußte Beurteilungsfälschungen dienen der Begünstigung, dem Wegloben unbequemer oder der Bindung qualifizierter Mitarbeiter, der Schädigung anderer oder der Dokumentation eigener Leistungen.
- **Einflüsse der Beobachtungssituation:** dem Beurteiler sind die Anregungsbedingungen unbekannt, die das beobachtete Verhalten provozierten.
- **Einflüsse außerhalb der Beobachtungssituation:** dem Beurteiler sind die Einflüsse unbekannt, die vor der beobachteten Verhaltensszene sich z. B. im privaten Bereich abspielten.
- **Einflüsse der Beurteilungssituation:** die äußere Situation, in der Urteile gefällt werden müssen, verzerrten die Objektivität des Urteils. Belastung

in der Familie, Zeitdruck beim Beurteilungsvorgang, gespannte Beziehungen zu den Vorgesetzten und Mitarbeitern sind wichtige Einflußfaktoren.

2.6. Die Festlegung der Beobachtungskriterien

Bevor man eine systematische Beobachtung durchführt, muß man sich darüber einig sein, was man beobachten will. Nur wenn die Kriterien klar definiert sind, kann man eine hinreichende Übereinstimmung unter den Beobachtern erreichen.

Geht es um die Auswahl für eine bestimmte Führungsposition, so kann man bei der Bildung der Kriterien die Stellen- und Funktionsbeschreibung heranziehen. Daneben können Vorgespräche mit Führungskräften geführt werden, um eine Liste erwünschter Eigenschaften herauszuarbeiten. Will man die Kriterien noch differenzierter festlegen, so empfiehlt es sich, einen Fragebogen zu erarbeiten, der dann einem bestimmten Kreis von Führungskräften zur Beantwortung vorgelegt wird. Man kann sogar so weit gehen, die Kriterien mit Hilfe statistischer Methoden, wie der Faktorenanalyse, zusammenzustellen.

Als günstig hat es sich auch erwiesen, die Kriterien in „Mußkriterien" und in „sonstige Kriterien" zu unterteilen. Man hat dann bereits eine erste Gewichtung vorgenommen und trifft gleichsam eine Vorauswahl.

In diesem Zusammenhang stellt sich die Frage, ob es überhaupt eine gemeinsame Merkmalsliste für die verschiedenen Führungspositionen gibt. Erfordert nicht vielmehr jede Führungsposition ganz spezielle Anforderungen, die vom jeweiligen Aufgabenbereich bestimmt werden? Die Meinungen unter Praktikern hierzu sind geteilt. Die meisten Führungskräfte halten es für wahrscheinlich, daß es eine gemeinsame Merkmalsliste für Führungspositionen gibt. Allerdings gibt es bisher noch keine empirische Untersuchung über eine gemeinsame Merkmalsliste von Führungskräften. Es ist unbestreitbar, daß jede Gruppe und Organisation die Anforderungen an eine Führungskraft mitbestimmt. Neuere Untersuchungen zur Führungspsychologie haben auch gezeigt, daß ein optimaler Führungsstil in erheblichem Maße von der jeweiligen Situation abhängt. Die Führung eines Stabsspezialisten erfordert einen anderen Führungsstil als die Führung eines Hilfsarbeiters. Man geht dabei sogar so weit, daß man sagt: Der Führungsstil sollte an die jeweilige Situation angepaßt werden. Bei all diesen Überlegungen herrscht aber eine gewisse Übereinstimmung darüber, daß es gewisse, allen Führungskräften gemeinsame Anforderungen gibt.

Es sind zwei **Kriterienkategorien** zu unterscheiden

- Kriterien auf der Verhaltensebene
- Kriterien auf der Eigenschaftsebene

Kriterien, die auf der Verhaltensebene liegen, sind der Beobachtung direkt zugänglich, z. B. Durchsetzungsvermögen. Kriterien, die auf der Eigenschaftsebene liegen, können nur von bestimmten Verhaltensweisen aus erschlossen werden, z. B. Ängstlichkeit.

Je klarer die Kriterien in den verschiedenen Gruppenübungen direkt beobachtet werden können, ohne daß Interpretationen erfolgen müssen, um so objektiver sind die Ergebnisse. So kommt der Kriterienauswahl bereits eine erhebliche Bedeutung zu. Sind die Kriterien schlecht ausgewählt, muß auch das Ergebnis schlecht sein. Sind die Kriterien klar definiert und gut beobachtbar, besitzt das Ergebnis eine hohe Gültigkeit. Auch sollten die Kriterien voneinander unabhängig sein. Die Beobachtung in einem Assessment Center muß sich notwendigerweise auf einen bestimmten Ausschnitt beschränken. Dieser Ausschnitt wird durch die Aufgabenstellung und den zeitlichen Rahmen bestimmt. Von daher ist es wichtig, nur die wirklich bedeutsamen Merkmale zu beobachten.

Auch die Beobachtungseinheit ist von erheblicher Bedeutung. Jedes Verhalten besteht aus sogenannten Verhaltensreihen. Eine Verhaltensreihe löst die andere aus. Man spricht hier auch von Verhaltensketten oder Verhaltenseinheiten, die man den Einzelreaktionen gegenüberstellt. Auch diese scheinbar theoretischen Überlegungen sollten bei der Merkmalsaufstellung berücksichtigt werden. Denn Merkmale und Kriterien lassen sich um so besser beobachten, je deutlicher sie ganze Verhaltensketten abbilden.

Bei jeder systematischen Verhaltensbeobachtung sollte man den Beobachtungsrahmen berücksichtigen. In einem Assessment Center erfolgt die Beobachtung der einzelnen Führungskräfte nicht isoliert, sondern innerhalb einer Gruppe. Man schätzt, daß ungefähr 7 % der Verhaltensvarianz eines Gruppenmitgliedes durch eben diese Gruppe bestimmt wird. Das heißt, wäre die Gruppenzusammensetzung völlig anders, würde sich auch das Verhalten des einzelnen Gruppenmitgliedes zu ungefähr 7 % verändern. Ebenso bestimmt die jeweilige Situation zu ungefähr 10 % das Verhalten. So kann die jeweilige Aufgabenstellung, z. B. Gruppendiskussion oder Einzelinterview, bereits das Verhalten beeinflussen. Auch diese Situationsfaktoren sollten also bei der endgültigen Beurteilung mit berücksichtigt werden, da sie eine objektive Beurteilung beeinflussen.

Weiterhin ist auf den Einfluß der eingesetzten Methodeninstrumente hinzuweisen. Ob nun Schätzskalen, Kategoriensysteme oder verschiedene Zeichensysteme verwandt werden, je nach gewähltem Instrument erhält man ein leicht verändertes Ergebnis.

Bei der Auswahl der Kriterien sollte man auch immer im Auge behalten, daß jedes Assessment Center eine Art Stichprobe darstellt. Bestimmte Aufgaben werden gewählt, um für zukünftige Situationen gültige Aussagen zu machen. Die Qualität dieser Stichproben bestimmt die Güte der prognostischen Aussage. Die Auswahl der Kriterien bestimmt in einem gewissen Ausmaß auch die Häufigkeit von systematischen Beobachtungsfehlern. Diese Beobachtungsfehler, so z. B. die Tendenz zur Skalenmitte, können dadurch vermieden werden, daß die Kriterien klar definiert sind.

Auf Seite 52 soll ein klassisches Modell einer Verhaltensbeobachtung in Gruppen vorgestellt werden. Bales hat bereits 1950 ein Kategoriensystem aufgestellt, mit dem er das Verhalten in Gruppen beobachtete.

Dieses Kategoriensystem ist klar definiert, die einzelnen Verhaltensweisen sind gut zu beobachten.

Obwohl für ein aussagefähiges Assessment Center spezielle Anforderungskriterien entwickelt werden sollten, lassen sich doch bei der Auswahl von Führungskräften einige allgemeine Kriterien zusammenstellen, die je nach Aufgabenart von Bedeutung sind.

- Kooperationsfähigkeit
- Intellektuelle Beweglichkeit
- Kreativität
- Emotionaler Ausdruck
- Entscheidungsfähigkeit
- Aktivität
- Belastbarkeit
- Arbeitstechnik
- Kontaktfähigkeit
- Selbstsicherheit
- Durchsetzungsvermögen
- verbale Gewandtheit
- Aufgeschlossenheit
- Konflikttoleranz
- Kommunikationsfähigkeit
- Flexibilität

51

Funktionsbereich	Funktion
Sozioemotionaler Bereich : **positive Aktion**	1. Wirkt freundlich, bestärkt den anderen, hilft, belohnt
	2. Dramatisiert, stellt eigene Gefühle dar, mehrdeutig-fantasieanregend; „als-ob"-Qualität
	3. Stimmt zu, alle Formen der Bejahung, gibt nach
Aufgabenbereich : **Beantwortungsversuche**	4. Macht Vorschlag, gibt Anleitung kontrolliert die Kommunikation der Gruppe
	5. Äußert Meinung, bewertet, analysiert, drückt Stellungnahmen oder Wünsche aus
	6. Gibt Information, orientiert, wiederholt, klärt, bestätigt.
Aufgabenbereich : **Fragen**	7. Erfragt Informationen, Orientierung, Wiederholung, Klärung, Bestätigung
	8. Erfragt Meinung, Bewertung, Analyse, Stellungnahme oder Wünsche
	9. Erbittet Vorschlag, Anleitung, Verhaltensregeln
Sozioemotionaler Bereich : **negative Aktion**	10. Stimmt nicht zu, Ablehnung des Kommunikationsinhaltes (nicht der Person)
	11. Zeigt Spannung, lacht, zieht sich zurück, bittet um Hilfe
	12. Wirkt unfreundlich, lehnt andere ab (Person), verteidigt oder behauptet sich

a b c d e f

Phänomen der	
a) Information	d) sachlichen Entscheidung
b) Bewertung	e) Spannungsregulierung
c) Kontrolle	f) gefühlsmäßig-persönlichen Entscheidung

Abb. 1: Interaktionsanalyse nach R. F. Bales

- Initiative und Risikobereitschaft
- Allgemeinwissen
- Integrationskraft
- Überzeugungskraft
- Einfühlungsvermögen
- Delegationsbereitschaft
- Planen und organisieren
- Motivieren
- Beurteilen

Sicherlich können in einem Assessment Center nicht alle Kriterien beobachtet werden. Es sollte eine Auswahl der für die entsprechenden Positionen wichtigsten Kriterien erfolgen. In der Regel wird man sich in einem Assessment Center auf ungefähr zehn Kriterien einigen, die beobachtet werden sollen.

Bei der Auswahl der Kriterien ist auch immer zu berücksichtigen, ob diese Kriterien in der Zukunft ihre Gültigkeit behalten werden. In einer Zeit starker gesellschaftlicher und technologischer Veränderungen muß sich das Führungsverhalten verändern. Die Anforderungen an die Mitarbeiter steigen, neue Arbeits- und Produktionsformen entstehen. Nur wenn sich auch das Führungsverhalten entsprechend ändert, kann eine hohe Zufriedenheit der Mitarbeiter und ein gutes Produktionsergebnis erreicht werden. Bei der Auswahl der Kriterien sollten also auch mögliche zukünftige Entwicklungen berücksichtigt werden. Als Beispiel sei die enorme Ausbreitung der Bildschirmarbeitsplätze genannt. Die damit verbundene Isolierung der einzelnen Mitarbeiter setzt eine erhöhte Integrationskraft der Führungskräfte voraus.

In einem guten Assessment Center werden die Einzelübungen auf jeden Fall auf die speziellen Gegebenheiten des Unternehmens zugeschnitten. Nachdem die Anforderungen, z. B. durch strukturierte Interviews, Beobachtungen am Arbeitsplatz oder standardisierte Analyseverfahren geklärt wurden, können die Merkmale und die entsprechenden Übungen ausgewählt werden.

Für jedes Merkmal sollten auch mehrere Übungen als Beurteilungsgrundlage herangezogen werden. Erst wenn die einzelnen Merkmale mehrmals getestet wurden, kann eine hinreichende Validität erreicht werden. Die aus den Kriterien abgeleiteten Übungen kann man in folgende Situationen einteilen:

- Entscheidungssituationen,
- Planungssituationen,
- Kommunikationssituationen,
- Problemlösungssituationen und
- Personalbeurteilungs- und
- Motivationssituationen.

2.7. Die Übungen im Assessment Center

Ziel jeder Übung ist es, diejenigen Verhaltensweisen sichtbar zu machen, die für die zukünftigen Aufgabenstellungen typisch sind. Es sollen also reale Führungssituationen simuliert werden. Dies wird natürlich nur zum Teil gelingen, da es immer nur möglich ist, einzelne Aspekte der zukünftigen Führungssituationen abzubilden.

Mit der Übungsentwicklung muß gleichzeitig auch an Auswertungs- und Beurteilungshilfen gedacht werden. Die Beobachter benötigen Hilfsmittel, um das Verhalten systematisch beobachten zu können. Bevor man Übungen entwickeln kann, muß man sich die nötigen Informationen für die relevanten Verhaltensweisen verschaffen. Dies kann dadurch erfolgen, daß man Tätigkeits- oder Stellenbeschreibungen auswertet. Eine weitere Methode besteht in der Befragung erfolgreicher Stelleninhaber der entsprechenden Ebene. Man führt Interviews mit einigen repräsentativen Führungskräften durch, um Informationen über die relevanten Verhaltensweisen einer erfolgreichen Führungskraft zu erhalten. Dabei muß besonders darauf geachtet werden, daß konkrete Verhaltensweisen beschrieben werden, um die nachfolgende Übungskonstruktion dann so konkret wie möglich vorzunehmen. Interessant kann es auch sein, sich von den erfolgreichen Stelleninhabern beschreiben zu lassen, welche Führungskräfte weniger erfolgreich sind, bzw. scheitern. Auch diese Informationen können Aufschluß für die Übungskonstruktion geben.

Obwohl es eine ganze Reihe von Standardübungen für Assessment Center gibt, sollte doch ein gutes Assessment Center aus speziell entwickelten Übungen bestehen, da nur diese Übungen die konkrete Situation im Unternehmen widerspiegeln können. Anregungen für die Übungskonstruktion kann man sich allerdings sehr gut aus der Literatur beschaffen. Es gibt sie zum Beispiel bei Antons (1976), Birkenbihl (1977) und Brocher (1969).

Generell lassen sich die Übungen in Einzel- und Gruppenübungen differenzieren. Ebenso gibt es mündliche und schriftliche Übungen. Eine weitere

54

Differenzierung teilt die Übungen in situative und nicht-situative Übungen, Kollegen- und Selbsteinschätzungen ein (Jeserich 1983).

Beispiele für nicht-situative Übungen: Papier- und-Bleistift-Tests und biographische Interviews.
Beispiele für Situationsübungen: Postkorb, Fälle, Gruppendiskussionen.
Beispiele für Kollegen- und Selbsteinschätzung: Selbsteinstufung, Peer-Ranking, Peer-Rating.
Beispiele für mündliche Einzelübungen: Vorträge, Präsentationen.
Beispiele für schriftliche Einzelübungen: Vorlagen bearbeiten, konkrete Fallstudien.

Neubauer (1984) weist darauf hin, daß die Übungen ein möglichst ausgewogenes Anforderungsspektrum repräsentieren sollten. So wird häufig der Fehler begangen, daß Übungen, die sehr ökonomisch sind, zum Beispiel Gruppendiskussionen, überproportional eingesetzt werden.

Jede neu konstruierte Übung sollte ausführlich getestet werden. Jeder, der sich mit der Übungskonstruktion beschäftigt hat, weiß, daß man gar nicht alle Aspekte einer Übungssituation vorhersehen kann. Von daher ist es notwendig, Erfahrungen zu sammeln und die Bewährung der Übungen genau zu überprüfen. Als günstig hat es sich auch erwiesen, wenn man zwischen den einzelnen Übungen inhaltliche Beziehungen schafft, das heißt, daß die Übungen nicht völlig zusammenhanglos aufeinander folgen, sondern daß innerhalb des Übungsablaufs ein logischer Aufbau erkennbar ist. Dies kann bis zu einer Systemabbildung führen, in der die konkrete, zukünftige Führungssituation möglichst komplex wiedergegeben wird. Der entscheidende Aspekt bei der Übungskonstruktion ist „das In-Beziehung-Setzen" von Situationsaspekten und der entsprechenden Übung. Ein weiterer Fehler bei der Übungskonstruktion kann darin bestehen, daß die Verhaltensdimension nicht genügend operationalisiert wird. Dann ist man sich darüber nicht im klaren, welches Verhalten in den Übungen tatsächlich beobachtet werden soll.

Die Aufgabenanalyse der Übungen ergibt folgende Dimensionen:

● Gemeinsames Handeln (zum Beispiel „Turmbauübung")
● Gemeinsam Lösungen finden (zum Beispiel „Wors")
● Entscheidungen treffen (zum Beispiel „Dienstwagen")
● Komplexe Situationen durchschauen (zum Beispiel „Standort")
● Konflikte lösen (zum Beispiel „Kollegenstreit")
● Rollenübernahme (zum Beispiel „Leiterdiskussion")

- Arbeitstechnik (zum Beispiel „Postkorb")
- Taktisches Geschick (zum Beispiel „Prisoners dilemma")
- Selbstdarstellung (zum Beispiel „Präsentation")
- Kollegeneinschätzung (zum Beispiel „Rating")
- Intellektuelle Fähigkeiten (zum Beispiel „Psychologische Tests")
- Wahrnehmungsfähigkeit (zum Beispiel „Gesichter deuten")
- Gruppen steuern (zum Beispiel „Amerikanische Debatte")
- Unstrukturierte Kommunikation (zum Beispiel „Gruppendiskussion")

Diese Aufgabeneinteilung ist nicht vollständig und soll lediglich die Zielrichtungen veranschaulichen, auf die sich die verschiedenen Übungstypen beziehen.

Eine Fähigkeit, die für Führungskräfte außerordentlich wichtig ist, aber bisher nur unzureichend in den vorhandenen Übungen abgedeckt ist, stellt die intellektuelle Durchdringung von Systemen dar. Damit sind Metafähigkeiten gemeint, die vermutlich jede hervorragende Führungskraft im hohen Ausmaße besitzt. Sie ist nämlich in der Lage, mit komplexen Systemen umzugehen, richtige Prioritäten zu setzen und relevante Entscheidungen zu treffen. Jedes komplexe System ist nicht bis in alle Einzelheiten durchschaubar, und doch muß eine erfolgreiche Führungskraft sich maßgeblich in einem komplexen System zurechtfinden.

Bei der Aufgabenkonstruktion können sich weiterhin folgende Probleme ergeben: die Aufgabenstellung ist unklar formuliert und führt zu Mißverständnissen. Die Übung ist für den Übungskonstrukteur zwar klar und durchschaubar, für den Teilnehmer am Assessment Center jedoch unklar. Daneben sind Schwierigkeiten aus einer unzureichenden Zuordnung von Aufgaben und Verhalten feststellbar. Diese Zuordnung ist dann nicht genau genug. Die Übungen lassen nur in sehr globalem Umfang das konkrete Verhalten erkennen. Auch kann es bei Assessment Centern vorkommen, daß die einzelnen Gruppenaufgaben nicht ausgewogen sind, weil es dem Konstrukteur interessanter erscheint, z. B. das Schwergewicht auf Gruppenaufgaben zu legen.

Häufig wird auch bemängelt, daß die Zeiten für die Übungen zu kurz bemessen sind. Die Teilnehmer können nicht zu einer konkreten Lösung kommen und fühlen sich vom Übungsleiter zu stark gedrängt. Es kann auch vorkommen, daß einzelne Übungen von den Teilnehmern nicht akzeptiert werden. Es kommt zu Diskussionen über die dahinterliegende Ideologie. Es tauchen Reizworte in den Übungen auf, die die Teilnehmer von der eigentlichen Aufgabenlösung ablenken. Auch kann es Übungen geben, die zu kompliziert sind und somit nur Verhalten bei einigen wenigen Teilnehmern evozieren. Auch Übungen, die zu sehr die kognitive Ebene betreffen, führen zu einseitigen Ergebnissen.

Bei einem gut konstruierten Assessment Center sollten auch die klassischen Kriterien bei der Aufgabenkonstruktion berücksichtigt werden, zum Beispiel Schwierigkeitsindex und Trennschärfenkoeffizient. Auch die Aufgabeninterkorrelation zwischen den Übungen ist zu beachten und überflüssige Übungen sind herauszunehmen. Bei der Konstruktion der Übungen ist es auf jeden Falll günstig, Parallelaufgaben zu entwickeln, um bei einem zu großen Bekanntheitsgrad einzelner Übungen auf diese Aufgaben zurückgreifen zu können. Außerdem können diese Parallelaufgaben dazu dienen, die Reliabilität und Validität weiter zu überprüfen. Nicht nur beim gesamten Assessment Center, sondern auch bei den einzelnen Übungen sollte man sich über Gültigkeit, Objektivität, Zuverlässigkeit, Verständlichkeit und Organisationsbezogenheit Gedanken machen.

Ein Hauptkritikpunkt an den Übungen, die zur Zeit in Assessment Centern eingesetzt werden, ist die Tatsache, daß Übungen nicht genügend komplexe Situationen abbilden. Dieser Umgang mit komplexen Situationen ist aber gerade das, was typische Führungsfähigkeiten ausmacht.

Eine weitere Gefahr bei der Übungskonstruktion ergibt sich aus den sogenannten „hautnahen Fällen". Dabei können bestimmte Teilnehmer benachteiligt, beziehungsweise bevorzugt werden. Wenn der Fall zum Beispiel aus dem Bereich „Vertrieb" kommt, kann der Innendienst benachteiligt sein oder umgekehrt. Weiterhin sind mit bestimmten Übungen auch nicht sogenannte „Systemprobleme" zu erfassen. So kann eine neue Führungskraft zum Beispiel in ein bestehendes Führungsteam sehr gut oder überhaupt nicht hineinpassen. Diese Tatsachen in Übungen abzubilden, ist außerordentlich schwierig, da gerade solche Aspekte häufig unausgesprochen bleiben.

2.8. Die Durchführung eines Assessment Centers

Bevor die eigentliche Durchführung des Assessment Centers beginnt, sind bereits eine wichtige Reihe von Maßnahmen und Entscheidungen getroffen worden. Die Vorauswahl der Kandidaten ist erfolgt, die Beobachter sind trainiert und eingewiesen worden, Anforderungsprofile und Beobachtungskriterien wurden zusammengestellt und die Übungen, die die Teilnehmer durchführen sollen, sind ausgewählt worden.

Diese vorbereitenden Maßnahmen tragen erheblich zum Gelingen eines Assessment Centers bei. Wenn die Beobachter nicht richtig trainiert werden, kann keine Beurteilungsübereinstimmung erzielt werden. Wenn die entsprechenden Übungen nicht das tatsächlich geforderte zukünftige Verhalten simulieren, kann keine prognostische Aussage gemacht werden. Wenn die Teilnehmergruppe nicht sorgfältig ausgewählt wurde, können bereits befähigte Führungskräfte von vornherein aus dem Auswahlprozeß ausgeschieden werden.

Nach den vorbereitenden Maßnahmen beginnt der eigentliche Übungsteil des Assessment Centers. Er dauert in der Regel zwei Tage. Dabei werden die verschiedenen Übungen von den Teilnehmern bearbeitet. Die Beobachter registrieren an Hand von Beobachtungsbögen die genau definierten Verhaltensweisen. Sowohl die Kleingruppenzusammensetzung der Teilnehmer als auch die Zusammensetzung der Beobachter wechselt laufend, um das Beurteilungsverfahren möglichst objektiv zu gestalten. Systematische Beobachtungsfehler einzelner Beobachter können so teilweise ausgeglichen werden. Wenn die Beobachtungskriterien festgelegt sind und das Anforderungsprofil erstellt ist, werden die einzelnen Beurteilungsmethoden zusammengestellt. Welche Übungen hier zum Einsatz kommen, richtet sich ausschließlich nach den vorher festgelegten Kriterien. Bei den Beurteilungsmethoden kann man grob unterscheiden:
Interviews, Gruppendiskussionen, psychologische Tests, Einzel-, Paar- und Gruppenübungen. Im folgenden wollen wir die gebräuchlichsten Beurteilungsmethoden und Übungen beschreiben.

Wohl bei jedem Assessment Center wird mit den Teilnehmern ein **Interview** durchgeführt. Dieses Einzelgespräch erfolgt mit zwei oder drei Beurteilern. Während des Gespräches entsteht ein erster persönlicher Eindruck vom Teilnehmer – ein Eindruck, der sicherlich im Laufe des Assessment Centers noch mehrfach verändert werden kann. Trotzdem liefert dieses erste Gespräch bereits eine Fülle von Hintergrundinformationen, die für die weitere Beurteilung von Bedeutung sein können.

Während des Gespräches sollten verschiedene Bereiche abgefragt werden z. B. Erziehung, Ausbildung, beruflicher Werdegang, Familie, Hobbys usw. Auch auf die berufliche Motivation sollte eingegangen werden. Die beruflichen Zielvorstellungen könnten diskutiert werden und das Karrierebedürfnis abgeklärt werden.

Nach dem Interview wird ein kurzer Bericht angefertigt und das Ergebnis des Gespräches im Hinblick auf die Zielsetzung des Assessment Centers durchleuchtet. So werden bei einem Personalauswahlseminar andere Schwerpunkte gesetzt als bei einem Personalförderungsseminar.

Beim Assessment Center werden verschiedene Arten von **Gruppendiskussionen** eingesetzt. Man unterscheidet die führerlose Gruppendiskussion von der Gruppendiskussion, bei der ein Diskussionsleiter und ein Teilnehmer, der die Diskussion zusammenfaßt, bestimmt wird. Die erstere Gruppenform wird immer dann gewählt, wenn man feststellen will, welche Gruppenrollen die Teilnehmer bevorzugt einnehmen. Auch kann das Diskussionsthema entweder vorgegeben werden oder aber von den Teilnehmern selbst bestimmt werden. Zumindest ein Thema sollte von der Gruppe gewählt werden, da dadurch die Motivation für die Diskussion steigt. Es ist interessant zu beobachten, in welcher Art sich diese Gruppendiskussion entwickelt. Sehr schnell bilden sich bestimmte Rollendifferenzierungen heraus. Es gibt in jeder Gruppe besonders aktive Teilnehmer, besonders zurückhaltende Teilnehmer, Teilnehmer, die ausgleichend auf die Gruppe wirken und Teilnehmer, die Konflikte herbeiführen. Schon bei einer zeitlich begrenzten Gruppendiskussion kann man ansatzweise erkennen, wer wen beeinflußt, wer dominierende Verhaltensweisen besitzt und wer in Gruppendiskussionen eher zurückhaltend ist. Die Gruppendiskussion wird in der Regel auf 20 Minuten begrenzt. Diese Zeitbegrenzung führt zu einer Straffung der Diskussion und zu einer stärkeren Ausrichtung auf ein Ergebnis hin. Bei den Themen kann es sich um relativ neutrale Themen handeln wie z. B.:

„Hat der Europagedanke eine Zukunft?"
„Sollte das Rauchen in öffentlichen Gebäuden generell verboten werden?"
„Wie wird die Freizeitgestaltung in 30 Jahren aussehen?"

Daneben können auch firmenspezifische Themen gewählt werden, wie z. B.:

„Welche Eigenschaften sollte eine gute Führungskraft in Ihrem Unternehmen haben?"
„Wie bewältigt man am besten Konflikte zwischen der Produktion und dem Vertrieb?"
„Wie motiviert man am besten Mitarbeiter?"

Es ist eine bekannte Tatsache, daß das Verhalten eines Menschen in einer Gruppendiskussion ganz anders sein kann als das Verhalten in einer Zweiersituation. Die Gruppe selbst liefert Anreize für bestimmte Verhaltensweisen. Die Gruppenteilnehmer lösen gegenseitig bestimmte Verhaltensweisen aus. So wird ein bestimmter Verhaltensbereich durch die eigene Persönlichkeit bestimmt, ein anderer Verhaltensbereich kann aber durch die Gruppensituation beeinflußt werden. Von daher stellen die Gruppendiskussionen eine wichtige Informationsquelle dar. Jede Führungskraft hat mit Gruppen zu tun. In den Gruppendiskussionen zeigt sich somit, wenn auch im begrenzten Umfang, wie jemand mit anderen Menschen umgeht.

In fast jeder Gruppe entstehen Konkurrenz- und Kooperationssituationen. Die Teilnehmer müssen – ähnlich wie in der Realität – mit beiden Situationen fertig werden. Man gewinnt im Assessment Center Hinweise auf die Konfliktfähigkeit und die Kooperationsbereitschaft während des Gruppenprozesses. Die Beobachter beurteilen die Teilnehmer nach einem vorgegebenen Bewertungsbogen. Die Eigenschaften werden nach einem 5- bis 7stufigen Ausprägungsgrad beurteilt. Dabei kann es sich z. B. um folgende Eigenschaften handeln: Durchsetzungsvermögen, Flexibilität, verbale Gewandtheit, emotionale Stabilität, Aktivität und Kooperationsfähigkeit.

Psychologische Tests sind ein weiterer wichtiger Bestandteil eines jeden Assessment Centers. Tests, die hier zum Einsatz kommen, müssen wissenschaftlichen Kriterien genügen, um aussagefähig zu sein. Diese Tests dürfen nicht verwechselt werden mit pseudowissenschaftlichen Unterhaltungsaufgaben, die man manchmal in Illustrierten antrifft. Ein guter Test erfordert eine mehrjährige Entwicklungsarbeit, bis er eine hinreichende Aussagefähigkeit besitzt.

Wissenschaftlich fundierte Tests gehören in die Hand des Fachmannes. Nur dann kann man mit den Testergebnissen etwas anfangen. Ein guter Test sollte folgende **Kriterien** erfüllen:

1. Er sollte standardisiert sein. Das heißt, daß jeder Untersuchende die gleichen Bedingungen antrifft. So muß die Testanweisung z. B. eindeutig formuliert sein. Die Testaufgaben müssen jedem Teilnehmer in der gleichen Form vorliegen.
2. Die Tests müssen normiert sein. Das heißt, daß man Testergebnisse von vielen anderen Individuen als Vergleich heranziehen kann, um Aussagen über den individuellen Ausprägungsgrad zu machen.
3. Tests müssen objektiv sein. Das heißt, daß verschiedene Auswerter zum gleichen Ergebnis kommen müssen.
4. Tests müssen eine hohe Reliabilität besitzen. Damit ist die Genauigkeit der Messung gemeint. Der Test muß die gemessene Eigenschaft möglichst genau erfassen.

5. Ein Test muß valide sein. Das heißt, es müssen Angaben über den Grad der Genauigkeit vorliegen, mit dem der Test mißt, was er messen soll.

Nur wenn ein Test Angaben über diese Gütekriterien enthält, kann er als wissenschaftlich fundiert und aussagefähig angesehen werden.

Man unterscheidet **Intelligenztests, Leistungstests und Persönlichkeitstests**. Intelligenztests werden ihrerseits in allgemeine Intelligenztests und spezielle Intelligenztests oder Begabungstests untergliedert. In keinem Assessment Center sollte ein allgemeiner Intelligenztest fehlen. Das generelle Intelligenzniveau ist sicherlich für die Besetzung jeder Führungsposition wichtig. Spezielle Intelligenztests messen lediglich bestimmte Ausschnitte der Intelligenz, so z. B. die technische Intelligenz. Leistungs- und Fähigkeitstests erfassen Eigenschaften wie Konzentration, Aufmerksamkeit, Willenseinsatz und Leistungstempo.

Der Einsatz von **Persönlichkeitstests** im Assessment Center ist nicht unumstritten. Hier stellt sich die Frage, ob nicht mit dem Einsatz von Persönlichkeitstests zu sehr in die Intimsphäre eingedrungen wird. Auch ist immer zu überlegen, ob diese intimen Informationen über die Persönlichkeit des Teilnehmers für die Auswahl bei einer zu besetzenden Stelle überhaupt notwendig sind. Man trifft immer wieder auf Teilnehmer, die es ablehnen, an solchen Tests teilzunehmen.

Sollten dennoch Persönlichkeitstests zur Anwendung kommen, so ist strikt darauf zu achten, daß die Ergebnisse aus diesen Tests vertraulich behandelt werden. Die Teilnehmer haben zudem ein Anrecht darauf zu erfahren, wie die Testergebnisse eingeschätzt werden.

Besonders bewährt hat sich bei den Assessment Centern der 16 PF-Test. Er dient der Erfassung von Einstellungen und Haltungen, die bei Führungskräften besonders wichtig sind. Dieser Test wurde von dem amerikanischen Psychologen R. B. Cattel entwickelt. Er ist eines der gebräuchlichsten Entscheidungsinstrumente bei der Personalbeurteilung. In einigen Unternehmen sind bereits Verhaltensprofile erfolgreicher Manager entwickelt worden. Diese Verhaltensprofile können dann als Grundlage für die Beurteilung anderer Manager dienen. Der 16 PF-Test versucht z. B. eine Einschätzung in folgende Dimensionen vorzunehmen:

> reserviert/kontaktfreudig,
> gefühlsmäßig irritierbar/gefühlsmäßig stabil,
> unterwürfig/dominant,
> pragmatisch/theoretisch, usw.

Wissenschaftliche Tests sollten in ihrer Aussagefähigkeit nicht überschätzt werden. Setzt man die Tests jedoch in Zusammenhang mit Einzelinterviews, Gruppendiskussionen und anderen Managementübungen ein, so kann man sie als einen wichtigen Baustein für die Verhaltensvorhersage ansehen.

Im folgenden wird eine Reihe von Übungen beschrieben, die in unterschiedlicher Zusammensetzung zum Einsatz kommen. Die Zusammensetzung der Übungen richtet sich nach den vorher bestimmten Kriterien und nach der Art des Assessment Centers. Eine der gebräuchlichsten Übungen in den meisten Assessment Centern ist die sogenannte **Postkorbübung**. Die Teilnehmer werden gebeten, sich vorzustellen, daß sie die Post ihres Vorgesetzten bearbeiten müßten. In ihrer Entscheidung sind sie dabei völlig auf sich gestellt. Zusätzliche Informationen stehen nicht zur Verfügung, Rückfragen sind nicht möglich. Bei der Postkorbübung handelt es sich um eine Einzelübung, bei der die Teilnehmer ungefähr 30 Probleme in Form eines simulierten Posteinganges bearbeiten sollen. Die einzelnen Probleme der Postkorbübung werden aus der tatsächlichen Problemlage bei Führungskräften ausgewählt. Bei der Postkorbübung müssen so z. B. Entscheidungen getroffen, Delegationen vorgenommen, Informationen eingeholt und Stellungnahmen abgegeben werden. Jede Aufgabe enthält ein mehrdeutiges Problem, bei dem eine persönliche Stellungnahme erforderlich ist. Bei den meisten Entscheidungsproblemen sind verschiedene Lösungen möglich, so daß man aus der Art der Entscheidung auf den Arbeitsstil des Teilnehmers schließen kann.

Eine weitere Einzelübung stellt die sogenannte **Selbsteinstufung** dar. Ein Polaritätenprofil enthält z. B. folgende Eigenschaftspaare: zurückgezogen – gesellig, entschlossen – zögernd, impulsiv – beherrscht, autoritär – kooperativ, tolerant – engherzig, ehrgeizig – bescheiden. Der Teilnehmer stuft sich auf diesem Profil selbst ein. Die Selbsteinstufung zeigt, ob sich ein Teilnehmer realistisch einschätzen kann. Sie verdeutlicht, ob er sich eher unterschätzt oder überschätzt, wenn man die Ergebnisse der Selbsteinschätzung mit den sonstigen Ergebnissen vergleicht. In den Selbsteinschätzungen kommt auch zum Ausdruck, wie sich ein Teilnehmer gern sieht. Hier spricht man auch vom Idealbild jedes Menschen. Im allgemeinen ist dieses Idealbild weit positiver getönt als es der Realität entspricht. Extreme Überzeichnungen lassen darauf schließen, daß ein Teilnehmer auch bei den Arbeitsaufgaben eine unrealistische Einschätzung zeigen wird.

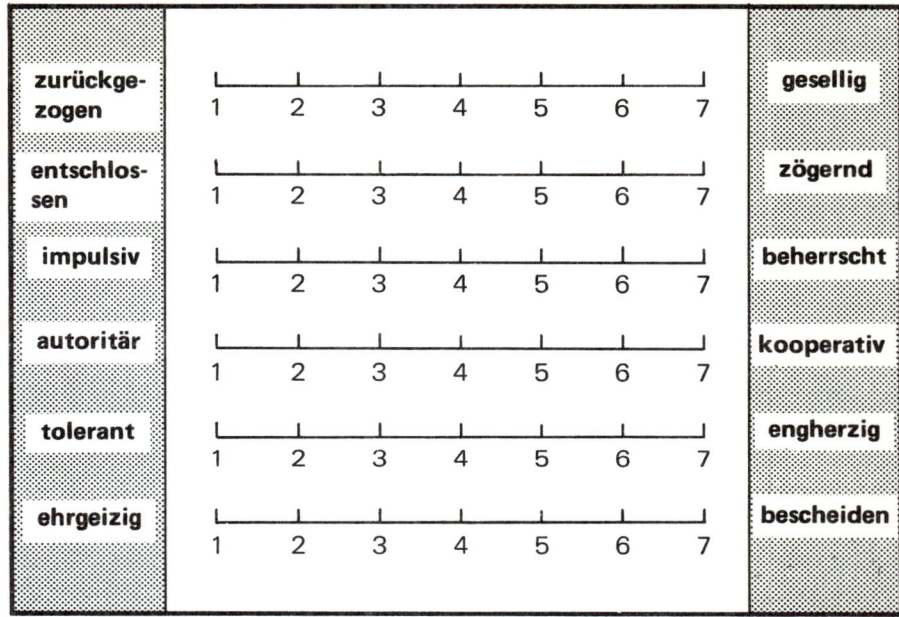

Abb. 2: Polaritätenprofil

Man unterscheidet das Peer-Ranking und das Peer-Rating. Unter Peer-Ranking versteht man die Bildung einer Rangreihe in einer Gruppe, zum Beispiel:

Wer trug am meisten zur Effizienz der Gruppe bei?
Wer war am kooperativsten?
Wer war am aggressivsten?
Wer hatte die kreativsten Ideen?
Wer hat die Gruppe am meisten behindert?
Wer hat für eine positive Stimmung in der Gruppe gesorgt?

Beim Peer-Rating erfolgt eine skalierte Einstufung. Das heißt, die Gruppenteilnehmer schätzen sich gegenseitig bezüglich bestimmter Dimensionen ein. Bei dieser Art der Einschätzung treten selbstverständlich unter anderem Beurteilungsfehler, persönliche Hemmungen und Widerstände auf.

Als Einstufungskriterien können hier ähnliche Eigenschaftspolaritäten gewählt werden wie bei der Einzeleinstufung. Die Ergebnisse für jeden Teilnehmer werden dann zusammengefaßt, so daß extreme Abweichungen in der Einschätzung ausgeglichen werden. Auch läßt sich erkennen, welcher

Teilnehmer z. B. alle anderen Teilnehmer relativ ungünstig oder günstig einstuft. Hier läßt sich von der Art der Einstufung ein Rückschluß ziehen auf den Beurteiler selbst. Denkbar ist die Situation, daß ein Teilnehmer meint, daß er um so besser abschneidet, je negativer er die anderen Teilnehmer einschätzt. Oder aber ein Teilnehmer unterschätzt sich selbst und schätzt somit die anderen Teilnehmer zu hoch ein. Diese Abweichungen lassen sich nach der Zusammenfassung der Ergebnisse sehr klar erkennen. Es ist allerdings immer wieder erstaunlich, wie genau ein zusammengefaßtes Gruppenurteil die tatsächlichen Eigenschaften eines Teilnehmers wider-spiegelt.

Das Peer-Ranking erfolgt meistens nach Gruppendiskussionen oder nach bestimmten Gruppenübungen. Bei bestimmten Verfahren ist auch mit dem Peer-Ranking eine Selbsteinstufung verbunden, bei anderen Verfahren schließt der Beurteilende sich selbst grundsätzlich aus, um nicht in Gewissenskonflikte bezüglich seiner eigenen Person zu kommen. Das Peer-Ranking und Peer-Rating erreicht sehr gute Validitätskoeffizienten. Von daher handelt es sich um Methoden, die sehr stark zur Aussagegültigkeit beitragen. Das Peer-Ranking ist bei bestimmten Untersuchungen selbst der Vorgesetztenbeurteilung überlegen. Die Durchführung des Peer-Rankings sollte anonym erfolgen. Der einzelne Teilnehmer erhält lediglich sein Gesamtergebnis mitgeteilt. Hat ein Assessment Center eine Personalent-wicklungszielsetzung, dann sollte selbstverständlich über die Einstufung gesprochen werden und Begründungen sollten gegeben werden. Auch die Stellungnahme des Betroffenen sollte erfolgen. Jeserich (1984) berichtet davon, daß bei dem Peer-Ranking nicht selten Widerstände auftreten, da die Kollegen angaben, das Verhalten sei nicht kooperativ und nicht kolle-gial. Die dabei auftretenden Widerstände sollten jedoch aufgefangen wer-den, da das Peer-Ranking und Peer-Rating eine sehr wichtige Informations-quelle darstellen.

Wie ist es nun erklärbar, daß das Peer-Ranking und Peer-Rating eine so valide Aussage darstellen? Vermutlich hängt es damit zusammen, daß die Mitarbeiter sehr gut die Leistungen ihrer Kollegen einschätzen können, da sie durch den sehr engen Arbeitskontakt gut über die Leistungen informiert sind. Sie erkennen schnell, wer sachlich kompetent ist und wer erfolgreich ist.

Eine weitere wichtige Übung im Assessment Center ist die **Fallmethode**. Bei der Fallmethode handelt es sich um eine Gruppenmethode, bei der es um gemeinsame Entscheidungsprozesse geht. Bei einem vorgegebenen

Fall sind verschiedene Alternativen möglich. Die Gruppe soll sich für eine Lösung entscheiden.

Beispiel einer Fallstudie:
Stellen Sie sich vor, Sie sind Verkaufsleiter in einem Markenartikelunternehmen. Die Fluktuation Ihrer Mitarbeiter ist im letzten Jahr um 50 % gestiegen. Der Umsatz hat sich dabei um 20 % verringert. Ihre Aufgabe besteht darin, die Gründe für die Fluktuation herauszufinden und Lösungsvorschläge zu erarbeiten, um die Fluktuation abzubauen.

Ein weiterer Fall:
Stellen Sie sich vor, daß Ihre Arbeitsgruppe bei der Qualitätskontrolle eine deutlich schlechtere Quote erreicht als die Vergleichsgruppen. Diese Veränderung stellte sich zu einem Zeitpunkt ein, als ein neuer Mitarbeiter in Ihre Gruppe kam, der Ihnen schon von vornherein nicht paßte. Sie haben bisher jedes Gespräch mit dem neuen Mitarbeiter vermieden, weil Sie sich dachten, daß die Gruppe schon von sich aus den neuen Mitarbeiter beeinflußt. Der neue Mitarbeiter war bereits in seiner alten Abteilung wegen seiner Nachlässigkeit bekannt.

Die **Projektmethode** ist der Fallmethode sehr ähnlich. Es geht auch hier um die Bearbeitung eines Problems, bei dem mehrere Lösungen möglich sind. Bei der Projektmethode wird allerdings die Lösung eines ganz realen Problems im Unternehmen angestrebt. Die Projektmethode ist insofern noch aussagefähiger als das Ergebnis aus einer Fallmethode.

Als weitere Methode sei das **Planspiel** genannt. Das Planspiel ist ein Lehrverfahren, bei dem den Handelnden am Modell Entscheidungen abverlangt werden. Ein Planspiel könnte so z. B. die Probleme, die zwischen Fertigung, Finanzierung und Absatz auftreten zum Thema machen. Es werden dann drei Gruppen gebildet, die diese Bereiche repräsentieren. Die einzelnen Gruppen erhalten bestimmte Vorgaben, Handlungsspielräume und Informationen. Um ein optimales Gesamtergebnis zu erreichen, ist es wichtig, daß die einzelnen Gruppen ihre Partikularinteressen und das Gesamtinteresse des Unternehmens aufeinander abstimmen.

Ein Planspiel im Rahmen eines Assessment Centers kann verdeutlichen, ob ein Teilnehmer in der Lage ist, in größeren Zusammenhängen zu denken, ob er spezielle Probleme und Lösungsansätze erkennen und ob er sich kooperativ verhalten kann.

Das Kooperationsverhalten kann auch in besonderen **Kooperationsspielen** erfaßt werden. Bei der sogenannten „Quadrat Übung" geht es z. B.

darum, daß jeder von 5 Teilnehmern aus verschiedenen Teilen ein eigenes Quadrat zusammensetzen muß. Die Aufgabe gilt erst dann als gelöst, wenn jeder der Teilnehmer dieses Quadrat vor sich liegen hat. Bei der Durchführung dieser Aufgabe kann man immer wieder beobachten, daß einzelne Teilnehmer ihr Quadrat zusammengesetzt haben und damit die Aufgabe als gelöst ansehen. Die Gesamtlösung läßt sich aber nur dann erreichen, wenn die einzelnen Teilnehmer immer wieder bereit sind, ihre eigene Lösung in Frage zu stellen, um für die Gesamtlösung neue Voraussetzungen zu schaffen. Auch bei der sogenannten „Turmübung" handelt es sich um eine Kooperationsaufgabe. Der Gruppe wird dabei die Aufgabe gestellt, in einem bestimmten Zeitraum einen tragfähigen Turm aus Pappe zu bauen. Es ist erstaunlich, mit welcher Intensität solche Aufgaben in Angriff genommen werden und welcher Konfliktstoff dabei entstehen kann. Das Verhalten der Teilnehmer wird auch hier auf Grund von Beobachtungsbögen eingestuft. Beispiele für Eigenschaftspaare bei dieser Übung sind: kooperativ – autoritär, aktiv – passiv, flexibel – starr, schnell – langsam, kreativ – einseitig.

Eine weitere Hauptgruppe bei jedem Assessment Center bilden die sogenannten **Entscheidungsspiele**. Problemstellungen sind durch eine Gruppenentscheidung zu lösen. Wie diese Entscheidung bei den Teilnehmern zustande kommt, erlaubt Rückschlüsse darüber, wie das Entscheidungsverhalten der Teilnehmer in anderen Situationen ablaufen wird.

Eine Entscheidungsübung könnte folgendermaßen aussehen:
„Stellen Sie sich vor, Sie sind mit einem Flugzeug in einer Wüste abgestürzt. Es gibt nur 5 Überlebende. Der nächste Ort ist ca. 200 km entfernt. Bringen Sie die 10 folgenden Gegenstände in eine Rangordnung, bzw. entscheiden Sie, welche Gegenstände für das Überleben am notwendigsten sind?"

1. 20 Meter langes Seil
2. Wasserbehälter mit 20 Liter Wasser
3. Kompaß
4. Fertignahrung
5. Leuchtpistole
6. Verbandkasten
7. Sternkarte
8. Eine Flasche Whisky
9. Sonnenbrillen
10. Ein Jagdgewehr

Eine weitere recht bekannte Entscheidungsübung ist die sogenannte Dienstwagenübung. Dabei geht es darum, daß ein Vorgesetzter für seine

Arbeitsgruppe einen neuen Dienstwagen erhält. Die 5 Mitarbeiter sollen in einer Gruppendiskussion entscheiden, wer von ihnen den neuen Dienstwagen bekommt. Jeder Mitarbeiter erhält unterschiedliche Vorgaben. Die Gruppendiskussion muß mit einer Lösung abgeschlossen werden.

Eine weitere, recht brisante Übung ist die sogenannte **Interaktionsanalyse**. Dabei schätzen sich die Mitarbeiter gegenseitig nach bestimmten Kriterien ein. Verschiedene soziale Beziehungen zwischen den Mitgliedern einer Gruppe können dadurch sichtbar gemacht werden. Außenseiterpositionen werden deutlich. Besonders beliebte Gruppenmitglieder werden ermittelt. Hierbei geht es um Verhaltensweisen wie Popularität, Akzeptanz und Ablehnung.

In der Praxis sieht solch eine Übung folgendermaßen aus: Jeder Teilnehmer bestimmt, mit welchem anderen Teilnehmer er am liebsten zusammenarbeiten würde, oder wen er am liebsten zum Chef haben würde. Die anschließende Auswertung zeigt dann sehr schnell, welche Gruppenmitglieder eine Außenseiterposition innerhalb der Gruppe einnehmen.

Bei der Interaktionsanalyse hängt die Art der Wahl natürlich auch von der Art des gewählten Kriteriums ab. Bei der Auswertung werden die Teilnehmer durch Kreise und Quadrate dargestellt, die untereinander mit Linien oder Pfeilen unterschiedlicher Länge verbunden sind. Die Länge der Linie oder Pfeile zeigt die soziale Distanz zwischen zwei Individuen an. Die Pfeile zeigen die Richtung der Wahlen an. Eine solche graphische Darstellung der sozialen Beziehung nennt man Soziogramm (vergl. Abb. 3).

Als weitere Übungen können **Vorträge** und **Präsentationen** eingesetzt werden. Jeder Teilnehmer erhält die Aufgabe, über ein bestimmtes Thema einen Kurzvortrag von 5 Minuten zu halten oder aber eine Präsentation zu einem bestimmten Themenbereich durchzuführen. Der Beobachterbogen für diese Übung kann folgende Kriterien enthalten: Auftreten und Körperhaltung, Sprache und Satzbau, Zuhörergewinnung, Vortragstechnik. Da jede Führungskraft ständig damit beschäftigt ist, eigene Ideen durchzusetzen und Mitarbeiter zu überzeugen, kann gerade diese Übung ein wichtiges Aussagekriterium für eine zukünftige erfolgreiche Arbeit als Führungskraft sein.

Bei der **schriftlichen Ausdruckstechnik** muß jeder Teilnehmer in einem kurzen Abriß seine gegenwärtige Tätigkeit auf einer Seite beschreiben. Diese Darstellung wird nach folgenden Kriterien beurteilt: sprachliche Gewandtheit, Gliederung, Sachlichkeit, Konzentration auf das Wichtigste, Stil.

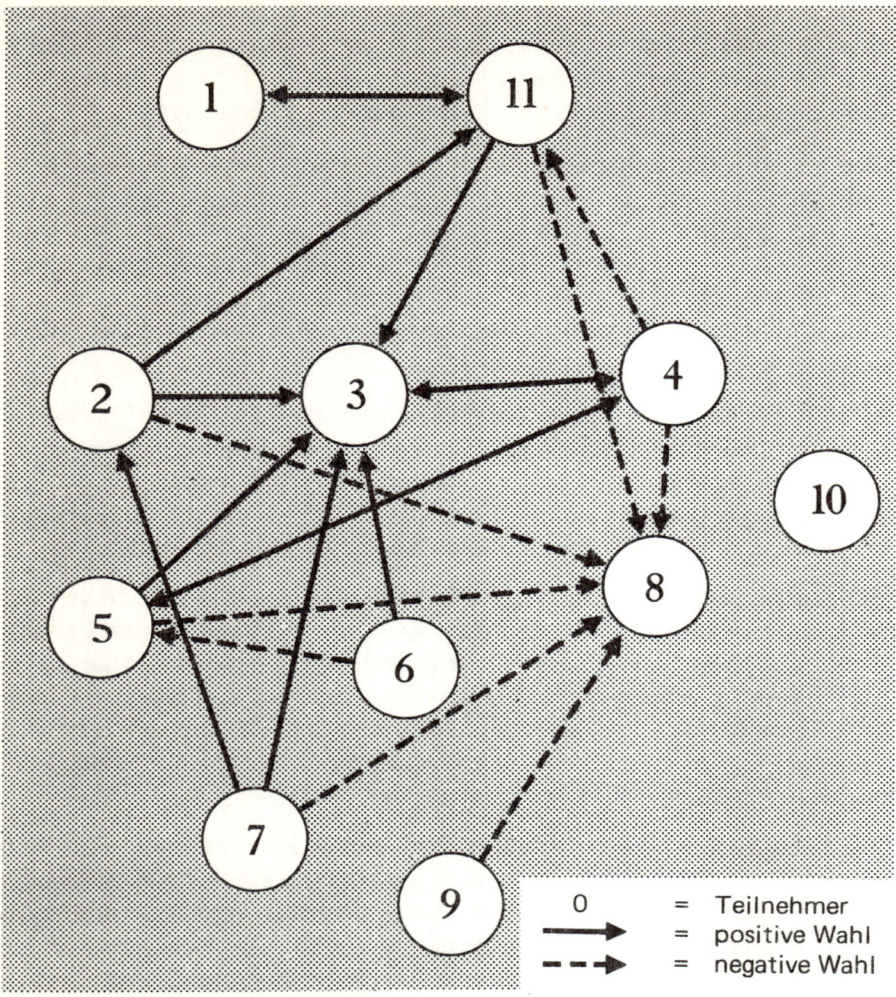

Abb. 3: Das Soziogramm

Aufgabe jeder Führungskraft ist es auch, Mitarbeiter bei wichtigen persönlichen Problemen zu beraten. Dabei wird häufig eine **Beratersituation** in Form eines Rollenspiels simuliert, bei der ein Teilnehmer den Vorgesetzten, ein anderer Teilnehmer den Mitarbeiter spielt. Auf Rollenkarten wird eine entsprechende Situation dargestellt. Folgende Problemsituationen können dabei aufgegriffen werden: Alkoholprobleme, nachlassende Motivation, familiäre Probleme, Konflikte mit Mitarbeitern, usw.

Beobachtet und beurteilt wird die Art der Gesprächsführung, die Klärung des Problems und das erreichte Gesprächsergebnis.

Eines der schwierigsten Probleme eines jeden Assessment Centers ist die Zuordnung der Kriterien zu den einzelnen Übungen. Die Frage lautet dabei: Welche Kriterien kann man bei welchen Übungen bzw. Tests am besten erfassen?

Bei der Durchführung der Beobachtungen hat es sich gezeigt, daß es günstig ist, nicht mehr als maximal drei bis vier Kriterien bei jeder Übung zu beurteilen. Jeder Beobachter ist schnell überfordert, wenn er zu viele Kriterien gleichzeitig beobachten soll. Für jede Übung gibt es ein vorbereitetes Auswertungsblatt. Das Auswertungsblatt enthält in der Regel 5- bis 7stufige Skalen. Der jeweilige Ausprägungsgrad des Kriteriums wird in diesen Skalen abgetragen.

Sicherlich lassen sich bei jeder Übung eine Vielzahl von Kriterien beobachten. Es sollte jedoch eine Auswahl unter denjenigen Kriterien getroffen werden, die in jeder Übung am besten zu beobachten sind.

Es versteht sich von selbst, daß die Auswahl der Kriterien und die Auswahl der Übungen ein entscheidender Schritt bei der Planung eines Assessment Centers ist. Die Auswahl wird maßgeblich beeinflußt durch die Zielsetzung des Assessment Centers. Bei einer aktuellen Personalauswahl werden andere Kriterien von Bedeutung sein als bei einem Personalentwicklungsseminar.

Auf Seite 70 wollen wir eine Zuordnung ausgewählter Kriterien zu den entsprechenden Übungen vornehmen.

Im folgenden wollen wir noch einmal einen **Ablaufplan** eines Assessment Centers darstellen:

1. Zielumschreibung des Assessment Centers
2. Voruntersuchung zur Kriterienbestimmung
3. Festlegung der Beobachtungskriterien
4. Auswahl der Kandidaten (z. B. potentielle Führungskräfte)
5. Auswahl und Training der Beobachter (z. B. Fachvorgesetzte, 2 Hierarchiestufen höher)
6. Erstellen eines Zeitplanes für die Durchführung
7. Durchführung (z. B. Postkorbübung, Tests, Gruppendiskussionen)
8. Auswertung und Entscheidung
9. Feed-back für die Teilnehmer, Vorschläge für Folgemaßnahmen

Kriterium \ Übung	Interaktionsanalyse	Gruppendiskussion	Planspiel	Vortrag Präsentation	Kooperationsübung	Entscheidungsspiel	Postkorbübung	Intelligenztest	Interview
Planen und organisieren			X				X		
Kooperationsfähigkeit	X	X	X		X				
Durchsetzungsvermögen	X	X	X			X			
Kommunikationsfähigkeit		X		X	X	X			X
Kontaktfähigkeit	X	X			X				X
Intelligenz				X				X	
Entscheidungsfähigkeit			X			X	X		
Ausdrucksvermögen				X					X
Delegieren							X		
Belastbarkeit	X					X			
Leistungsmotivation				X				X	X

Abb. 4: Zuordnung von Kriterien und Übungen

10. Programmablauf analysieren
11. Gültigkeit der eingesetzten Methoden überprüfen
12. Nachbefragung der Teilnehmer nach 3 Monaten

Das **Programm** eines zweitägigen Assessment Centers könnte folgendermaßen aussehen:

1. Tag
Einführung in das Programm und gegenseitiges Kennenlernen
Managementspiel
Einzelinterviews
Gruppendiskussionen
Fragebögen und psychologische Tests
Kooperationsübung

2. Tag
Postkorbübung
Entscheidungsspiel
Planspiel
Präsentationen
Kommunikationsspiel
Selbstbeurteilungen
Peer-ratings
Schlußinterviews

2.9. Auswertung, Abschlußbericht und „feed-back" für die Teilnehmer

Direkt nach dem Assessment Center findet die Beobachterkonferenz statt. Die Beobachter, bzw. Gutachter bleiben einen weiteren Tag zusammen.

In einer Matrix werden für jeden Teilnehmer die Ergebnisse zusammenge-faßt. Jeder Beobachter begründet in der Diskussion seine Einstufungen. Insbesondere starke Abweichungen verdienen eine besondere Aufmerk-samkeit, da in diesen Abweichungen Vorurteile der Beobachter zum Aus-druck kommen können. In der Diskussion können abweichende Beurteilun-gen dann diskutiert und eventuell korrigiert werden.

Die Beurteilung erfolgt nach den aufgestellten Kriterien. Auch kann es günstig sein, die Bewerber in eine Rangreihe zu bringen.

Nach der Diskussion wird für jeden Teilnehmer des Assessment Centers ein Schlußbericht erstellt. Der Inhalt des Schlußberichtes wird mit der gesam-ten Beobachtergruppe abgestimmt. In der Regel fertigt ein Beobachter den Schlußbericht für zwei Kandidaten an. Die Formulierung des Schlußberich-tes ist außerordentlich wichtig, da hiermit noch einmal das gesamte Ergeb-nis komprimiert dargestellt wird.

Ein weiterer wichtiger Punkt im Schlußbericht sind die empfohlenen Förder- bzw. Entwicklungsmaßnahmen. Sie beziehen sich auf die festgestellten

Schwächen der Teilnehmer, oder zielen darauf ab, bereits vorhandene gute Fähigkeiten und Kenntnisse des Bewerbers zu verbessern, um z. B. eine bestimmte zukünftige Führungskraft noch besser auf ihre Aufgaben vorzubereiten. Die Förder- und Entwicklungsmaßnahmen können beinhalten: Seminare und Schulungen, z. B. Vermittlung unternehmensbezogener Informationen, Schulung des Führungsverhaltens, Einüben und Vertiefen von Erfahrungen. Außerdem kann für eine zukünftige Führungskraft eine „Job-Rotation" empfohlen werden, um den Einblick in verschiedene Arbeitsbereiche zu vermitteln. Größere Unternehmen schlagen auch ein sogenanntes Assignment vor. Dabei handelt es sich um eine zeitlich befristete Abordnung für eine Tätigkeit in der Konzernspitze oder bei ausländischen Schwestergesellschaften.

Einige Unternehmen schlagen auch die Teilnahme in einem sogenannten Förderkreis vor. In diesen Förderkreisen werden Mitarbeiter, die als zukünftige Führungskräfte vorgesehen sind, zusammengefaßt und besonders geschult.

Es werden auch gelegentlich Literaturempfehlungen gemacht. So werden Teilnehmern mit schlechten Rhetorikkenntnissen Rhetorikbücher empfohlen. Außerdem werden Bücher über Führungsverhalten, Kooperationsverhalten und Motivation empfohlen. Teilweise bekommen die Teilnehmer diese Bücher auch als Geschenk nach dem Assessment Center. Diese Bücher dienen in erster Linie als Anreiz, entsprechende Seminare zu besuchen.

Spätestens zwei bis drei Wochen nach dem Assessment Center wird der Schlußbericht den Teilnehmern in einem individuellen Gespräch erläutert. Dieses Schlußgespräch ist besonders wichtig, da sich in ihm entscheidet, wie das Ergebnis, das im Assessment Center erzielt wurde, vom Teilnehmer aufgenommen wird.

Eine sehr wichtige Frage ist hier die Akzeptanz. Hat der Teilnehmer das Gefühl, daß er an einem fairen Ausleseprozeß teilgenommen hat? Empfindet er die ausgesprochenen Empfehlungen als relevant für seine Laufbahn? Der Schlußbericht wird von den Beobachtern den einzelnen Teilnehmern erläutert. Dieses Gespräch sollte in einer entspannten Atmosphäre stattfinden und selbstverständlich unter vier Augen geführt werden. Dem Teilnehmer muß klar gesagt werden, wer Einsicht in den Schlußbericht erhält, z. B. der Linienvorgesetzte, die Personalabteilung usw. Für die weitere Durchführung von Assessment Centern ist es entscheidend, daß sich jeder Teilnehmer fair behandelt fühlt. Auch ist es wichtig, daß er die gesamte Prozedur vollständig durchschaut. Mit dem Assessment Center sollen ja gerade subjektive Urteile und situative Entscheidungen vermieden werden.

Mit dem Linienvorgesetzten sollten vorher auf jeden Fall auch die Fördermaßnahmen abgestimmt werden, damit das Ergebnis des Assessment Centers nicht nur auf dem Papier stehenbleibt und Konsequenzen ausbleiben.

In einigen Unternehmen werden zentrale Förderkarteien eingerichtet, die über die Eignung bestimmter Fördermaßnahmen für die einzelnen Teilnehmer Auskunft geben.

Die Aussagen und die Ergebnisse des Assessment Centers werden in der Regel auf zwei Jahre begrenzt. Dann hat jeder Teilnehmer die Möglichkeit, an einem zweiten Assessment Center teilzunehmen und sich einer erneuten Beurteilung zu unterziehen.

Bewährt haben sich auch die folgenden Maßnahmen im Anschluß an ein Assessment Center: Nach ungefähr 6 Wochen wird ein Fragebogen an die Teilnehmer verschickt, in dem die Teilnehmer gebeten werden, zum Ausdruck zu bringen, wie sich das Assessment Center auf sie ausgewirkt hat. Das Assessment Center kann dann aus einer gewissen Distanz heraus kritisiert werden. Verbesserungsvorschläge werden erbeten. Jedes Assessment Center befindet sich so in einem ständigen Entwicklungsprozeß, bei dem notwendige Anpassungen an sich verändernde Tendenzen im Unternehmen erfolgen. Die Relevanz bestimmter Übungen soll durchleuchtet werden. Die Kriterien der Beurteilung werden auf ihre Bedeutung hin in Frage gestellt.

Der Abschlußbericht wird in der Regel frei formuliert. In einigen Unternehmen sind jedoch auch Vordrucke zusammengestellt worden, die die wichtigsten Kriterien bereits auflisten und als Grundlage für den Abschlußbericht dienen. Solche Vordrucke sind eine erhebliche Orientierungshilfe und Erleichterung für die Gutachter. Es hat sich auch als günstig erwiesen, daß die Teilnehmer die Abschlußberichte gegenzeichnen bzw. Kommentare hinzufügen.

2.10. Die praktischen Erfahrungen mit dem Assessment Center

In den USA wird die Assessment Center-Methode bereits von vielen Unternehmen angewandt, so unter anderem von IBM, General Electric, General Motors, Shell, Kodak, Sears. In Deutschland werden Assessment Center unter anderem bei folgenden Firmen durchgeführt: Agfa-Gaevert, Allianz-Versicherungen, Daimler Benz, Deutsche Bundespost, Ford, Henkel, Karstadt, Vereinigte Versicherungsgruppe, Kaufhof u. a.

Bereits vor Jahren wurde bei IBM eine Befragung unter Teilnehmern von Assessment Centern durchgeführt. Es zeigte sich, daß 95 % der Teilnehmer positiv über den Nutzen für ihre persönliche Weiterentwicklung und -förderung dachten. Nur zwei bis drei Prozent äußerten sich negativ.

Auch die Firma AT u. T berichtet von positiven Erfahrungen mit dem Assessment Center. Nach 10 Jahren verglich man die Ergebnisse des Assessment Centers mit den von den Teilnehmern tatsächlich erreichten Positionen. Es ergab sich lediglich eine Abweichung von 8 %. Das heißt, daß sich die Aussage des Assessment Centers in der überwiegenden Zahl von Fällen als richtig erwiesen hat.

Jeserich (1979) berichtet von einer Umfrage unter 20 Teilnehmern eines Assessment Centers bei Agfa-Gaevert. Dabei antworteten 80 % mit einem Ja auf die Frage: „Würden Sie jetzt im nachhinein noch einmal freiwillig an einem Assessment Center teilnehmen?" 95 % bestätigten, daß die Veranstaltung für sie einen Nutzen gebracht hat.

Stewart (1979) berichtet über eine britische Untersuchung, bei der sich zeigte, daß Führungskräfte, die auf Grund eines Assessment Centers ausgewählt wurden, für das Unternehmen bzw. die Organisation signifikant bessere Ergebnisse lieferten als eine Vergleichsgruppe.

Wohl einer der treffendsten Beweise für die Brauchbarkeit der Assessment-Center-Methode ist die Tatsache, daß nahezu alle Firmen, die einmal die Assessment Center-Methode eingeführt haben, die Anwendung dieser Methode beibehalten.

Jeserich (1979) sieht zusammenfassend folgenden Nutzen für die **Teilnehmer** eines Assessment Centers:

a) Die Transparenz ist größer als bei anderen Verfahren.
b) Für alle bestehen gleiche Startchancen.
c) Jeder Teilnehmer sieht seine mögliche Konkurrenz und kann sich mit ihr vergleichen.
d) Jeder hat das Gefühl einer fairen Behandlung.
e) Jeder Teilnehmer erhält einen ausführlichen Bericht über sein Abschneiden.
f) Konkrete Fördermaßnahmen werden besprochen und vereinbart.

Für den **Auftraggeber** sieht Jeserich (1979) folgende Vorteile:

a) Die Chance, die besten Kandidaten zu finden, wird wesentlich vergrößert.
b) Das Verfahren ist jederzeit reproduzierbar.
c) Personalabteilung und Linienmanagement sind zu enger und gleichgerichteter Zusammenarbeit verpflichtet.
d) Beim Assessment Center handelt es sich um ein Verfahren, das aus der Sicht aller Teilnehmer günstig ist.

Aufgrund dieser Vorteile für die Teilnehmer und die Auftraggeber findet das Assessment Center eine zunehmende Resonanz. Die Karstadt AG in Essen führt seit November 1978 Assessment Center als Personalentwicklungsseminare für Personalleiter – Substituten durch. Diese Seminare dauern durchschnittlich 2 Tage. Vier Beobachter – Beurteiler werden dabei eingesetzt. Die Teilnehmerzahl wird bewußt auf maximal 6 begrenzt, um die Aussagefähigkeit zu erhöhen. Das Seminar wird in 4 Stufen unterteilt:

- Simulation von Situationen
- Beobachtung
- Beurteilung
- Prognose

Die ersten Assessment Center waren für rund 150 Personalleiter – Substituten geplant.

Seit 1978 führt die co op AG Assessment Center durch. Diese Assessment Centers finden in der co op-Gruppe ungefähr 4- bis 5mal pro Jahr statt. Die Assessment Centers werden auf 3 Ebenen durchgeführt:

- auf der Ebene „Leiter großer Supermärkte"
- auf der Ebene „Bereichsleiter"
- auf der Ebene „Marktleiter"

Die Veranstaltungen werden generell von 2 Trainern, einem externen und einem internen, durchgeführt. Außerdem nehmen 2 Beobachter aus der Konzernspitze teil. Folgende **Beurteilungskriterien** kommen u. a. zur Anwendung:

- Entscheidungsfähigkeit,
- Belastbarkeit,
- Verantwortungsbereitschaft,
- Kooperationsverhalten,
- Überzeugungsfähigkeit,
- Durchsetzungsvermögen und
- Kontaktstreben.

Grundlage für die Teilnahme an den Assessment Centern stellt eine Vorgesetztenbefragung dar. Dabei werden die förderungswürdigsten Nachwuchskräfte ausgewählt. Die schriftliche Einladung enthält folgende **Ziele** des Assessment Centers:

1. Training
2. Kennenlernen der Nachwuchskräfte
3. Beratung und Verbesserungsvorschläge bei Problemen des Führungsverhaltens.

Die Ergebnisse werden in einer Förderkartei festgehalten und es werden Vorschläge für Weiterbildungs- und Entwicklungsmaßnahmen gemacht.

Die IBM Deutschland gehört zu den Unternehmen, die mit dem Assessment Center die längsten Erfahrungen gesammelt haben. An dem Assessment Center der IBM nehmen im Schnitt 10 Teilnehmer teil. Die 4 Beobachter müssen mindestens zwei Managementebenen höher angesiedelt sein als die Teilnehmer. Das Assessment Center dauert bei der IBM zwischen 3 und 5 Tagen. Die ursprünglich 10 Beurteilungskriterien wurden im Laufe der Zeit auf nunmehr 6 reduziert:

1. Auftreten
2. sprachlicher Ausdruck
3. Durchsetzungsvermögen und Aktivität
4. Logisch systematisches Entscheiden
5. Kommunikationsfähigkeit
6. Gruppenintegratives Verhalten

Diese Reduzierung wurde vorgenommen, weil es sich zeigte, daß 6 Kriterien optimal beurteilt werden können. Für jede Übung sind maximal 4 Kriterien zur Beobachtung vorgesehen. In einem ca. 1stündigen Gespräch wird dann den Teilnehmern die Beurteilung durch die Beobachter erläutert.

Ein entscheidender Punkt bei allen Assessment Centern sind die Rahmenbedingungen. Dazu gehören z. B. die Regeln der Beförderung, ein vorhandenes Laufbahnkonzept und Programme für die Laufbahnentwicklung. Ziel ist immer die Erarbeitung individueller Förderungs- und Entwicklungspläne. Nicht ein endgültiges Ergebnis soll das Assessment Center liefern, sondern auf Entwicklungsmöglichkeiten hinweisen, die der einzelne Mitarbeiter wahrnehmen kann. Bei einem guten Assessment Center darf es keine Verlierer geben, sondern es müssen für jeden Mitarbeiter Entwicklungsalternativen aufgezeigt werden, um die persönliche Motivation zu erhalten.

2.11. Weitere Einsatzbereiche des Assessment Centers

Traditionell wurde das Assessment Center primär als Selektionsverfahren und als Personalentwicklungsverfahren eingesetzt. Es gibt bereits Unternehmungen, die das Assessment Center auch zur Feststellung des Bildungsbedarfs einsetzen. Die zunehmende Bedeutung einer permanenten Aus- und Weiterbildung wird von erfolgreichen Unternehmen immer deutlicher erkannt. Hier kann ein systematisches Vorgehen sehr hilfreich sein, um den Bildungsbedarf der Führungskräfte exakt festzustellen. Dies läßt sich auf sehr gute Art durch ein Assessment Center erreichen, da hier insbesondere auch verhaltensbezogene Stärken und Schwächen deutlich erkannt werden können.

Assessment Center wurden bisher überwiegend bei Nachwuchsführungskräften, die kurz vor dem Aufstieg in die Managementebene stehen, durchgeführt. Es werden aber zunehmend auch Überlegungen angestellt, das Assessment Center bei niedrigeren Hierarchiestufen einzusetzen. Garms (1984) schlägt vor, das Assessment Center auch bei der Auswahl von Vorarbeitern einzusetzen. Dabei werden die Kandidaten mit ganz speziellen, anforderungsgerechten Tätigkeiten konfrontiert, die bei ihrer zukünftigen Arbeit von Bedeutung sein können.

Es gibt eine ganze Reihe von Tätigkeiten, für die keine Ausbildungsgänge existieren. Gerade hier bietet sich das Assessment Center an, um zumindest stichprobenartig Verhaltensproben zu erfassen. Damit kann das Potential besser beurteilt werden. Denkt man nur einmal daran, welche verheerenden Folgen es haben kann, wenn unpassende Außendienstmitarbeiter ausgewählt werden, die einen Kundenstamm sehr negativ beeinflussen können. Gerade im Außendienst kann die weit verbreitete Probezeit sehr negative Folgen haben, da ein Kunde bereits durch eine einmalige, schlechte Beratung sehr verärgert werden kann.

Auch bei längerfristigen Aus- und Weiterbildungsmaßnahmen lohnt sich ein Assessment Center zur Beurteilung des Aus- und Weiterbildungserfolgs. Ein Assessment Center vor und nach einer Aus- und Weiterbildungsmaßnahme kann den Trainingserfolg objektivieren.

Gelegentlich wird das Assessment Center auch als Team-Entwicklungsprogramm eingesetzt. Verschiedene Assessment Center-Übungen enthalten typische Kooperationssituationen. Die Diskussion über diese Übungen kann zu einem gesteigerten Problembewußtsein für Kooperations- und Rivalitätssituationen führen. Strukturierte Feed-Back-Prozesse können zu einer verbesserten Selbstwahrnehmung beitragen. Aus verschiedenen Untersuchungen wissen wir, daß gerade die Einschätzung durch Kollegen ein gutes Regulativ sein kann, um die Selbstwahrnehmung zu verbessern. Die zunehmende Tendenz der kooperativen Arbeitsweise zwingt auch dazu, die eigene Team-Fähigkeit zu entwickeln.

Bisher wurden Assessment Center überwiegend in Großunternehmen eingesetzt. In kleineren und mittelständischen Unternehmen wird auf den Einsatz des Assessment Centers häufig verzichtet. Hier sollte besonders die Frage der Kooperation bedacht werden, nämlich ob es nicht möglich ist, mehrere mittelständische Unternehmen für eine bestimmte Aufgabenstellung zusammenzufassen. Man könnte so zum Beispiel ein Assessment Center für mehrere Unternehmungen durchführen, die nicht miteinander konkurrieren. Die Kosten würden dadurch sehr vermindert werden. Die Leitung einer solchen Veranstaltung könnte von einem externen Berater übernommen werden. Heitmeyer und Thom berichten von einer Untersuchung bei zwanzig mittelständischen Unternehmungen bezüglich des Interesses an gemeinsamen Assessment Centern. Dabei vertraten sechs der insgesamt zwanzig Unternehmungen die Ansicht, daß dies eine sinnvolle Vorgehensweise sei. Weitere sechs stimmten einem Informationsaustausch zu. Lediglich acht hielten eine Kooperation für undenkbar.

Eine weitere Anwendungsmöglichkeit des Assessment Centers ist das sogenannte Einzel-Assessment Center. Dabei wird ein Assessment Center für ein oder zwei Teilnehmer individuell durchgeführt. Der Zeitraum beträgt einen halben bis zwei Tage. Als Beurteiler fungieren externe Berater, die die Übungen für die Probanden speziell zusammenstellen. Natürlich können hier nicht Gruppenübungen angewendet werden. Ein Vorteil besteht aber darin, daß auch beim Einzel-Assessment-Center der entscheidende Punkt der Methodenvielfalt zum Tragen kommt. Mehrere externe Beurteiler können die Einschätzung vornehmen und die erfaßten Verhaltensproben simulieren zukünftige Arbeitsituationen. Ein weiterer Vorteil liegt in der sehr offenen Rückmeldung, die der Teilnehmer vom externen Berater erhält. Hier beeinflussen keine rollenspezifischen Rücksichtnahmen die Aussprache. Der externe Berater kommt mit dem Assessment Center-Teilnehmer zu einer einmaligen Veranstaltung zusammen und kann sich so voll und ganz auf eine möglichst konstruktive und hilfreiche Rückmeldung konzentrieren. Das Einzel-Assessment Center dient in erster Linie der Karriereentwicklung. Schwachstellen im Persönlichkeitsbild des Assessment Center-Teilnehmers werden deutlich gemacht. Ebenso werden die Stärken klar sichtbar.

Assessment Center können auch zur Arbeitsplatzgestaltung eingesetzt werden (Byham, 1970). Byham schlägt vor, anhand der festgestellten individuellen Stärken und Schwächen die Arbeitsplätze entsprechend zu modifizieren. Auch im Bereich der Rehabilitation werden erste Versuche gemacht, Assessment Center einzusetzen. Hier ließen sich dann Verhaltensproben aus verschiedenen Arbeitsbereichen erfassen. Die erkannten positiven Fähigkeiten könnten dann Grundlage für Weiterbildungsprogramme sein.

Stehle (1986) beschreibt einen weiteren Anwendungsbereich des Assessment Centers bei kaufmännischen Arbeiten. Sie geht davon aus, daß sich Assessment Center auch auf den Sekretariatsbereich anwenden lassen. Ähnlich sieht sie auch Möglichkeiten bei der Auswahl von Bankkaufleuten oder qualifizierten Sachbearbeitern. Ausgehend von einer Rationalisierung aller im Sekretariatsbereich anfallenden Arbeiten entwickelt sie Methoden zur Auswahl und zur Potentialermittlung. Sie beschreibt dabei ein Handbuch, das verschiedene Übungen enthält; so zum Beispiel die Postbesprechung, die Korrektur eines Geschäftsberichts und Schreibproben. Typische Sekretäriatsarbeiten werden simuliert und in systematischen Verhaltensproben stichprobenartig erfaßt. In diesem Zusammenhang stellt sich natürlich immer die Frage des Aufwandes und der Kosten. Allerdings könnte bei einem genügend standardisierten Verfahren hier eine gute Möglichkeit geschaffen werden, zu einer effizienteren Auswahl zu kommen.

Das Assessment Center wurde ansatzweise auch schon für Lebenslaufstudien eingesetzt. Insbesondere Bray (1982) berichtet über diesen Aspekt. Im Jahre 1956 begann bei dem amerikanischen Unternehmen AT & T eine Studie über die Laufbahn von Managern. Die ursprüngliche Intention bestand zwar darin, potentielle Führungskräfte auszuwählen, gleichzeitig wurde aber bei strenger Anonymität der berufliche Werdegang einer Reihe von Führungskräften weiter verfolgt. 422 Manager wurden von 1956 bis 1960 durch Assessment Center eingeschätzt. Die meisten dieser Teilnehmer konnten acht Jahre und zwanzig Jahre nach dem ursprünglichen Assessment Center erneut eingeschätzt werden. Sie durchliefen also erneute Assessment Center.

Die Studie zeigte zum einen, daß Managererfolg im hohen Maße langfristig vorhersagbar ist. Neben typischen Dimensionen wurden in diesen Assessment Center folgende Persönlichkeitsdimensionen erfaßt: Ehrgeiz, Impulsivität, Leutseligkeit, Selbstachtung und Optimismus. Nach 20 Jahren zeigte sich, daß die Dimensionen Selbstachtung und Optimismus keine Veränderung zeigten. Diese unveränderbaren Faktoren standen auch in enger

Beziehung zur Arbeits- und Karrierezufriedenheit. Nach 20 Jahren zeigten sich die Manager auch als wesentlich autonomer, weniger gesellig und etwas aggressiver gesinnt. Die von Bray beschriebene Studie bezieht sich nur auf Manager. Es wäre zu überlegen, ob mit dem Instrument Assessment Center nicht auch andere Populationen untersucht werden könnten, um somit Aufschlüsse über langfristige Entwicklungen zu erhalten.

2.12. Die Weiterentwicklung des Assessment Centers

Die Überlegenheit des Assessment Centers über Papier- und Bleistifttests bei der Auswahl von Managern ist in verschiedenen Studien nachgewiesen worden (zum Beispiel Gray und Grant 1966, Mitchel 1965, Wollowik und Mac Namara 1969). Assessment Center wurden bisher für sehr unterschiedliche Aufgaben eingesetzt, zum Beispiel für die Auswahl von Managern, von Verkäufern, von militärischen Führungskräften, von Führungskräften im Pharmaziebereich, bei der Auswahl von Polizisten, bei Brokern. Die weitere Forschung wird zusätzliche Anwendungsgebiete erschließen.

Die Assessment Center in verschiedenen Bereichen hatten eine unterschiedliche Validität. Dies liegt zum einen daran, daß die Assessment Center vom Aufbau her sehr unterschiedlich gestaltet sind, zum anderen, daß viele Beurteilungsprozesse noch zu wenig standardisiert sind. Borman (1982) berichtet von einer Korrelation von .50 zwischen dem Assessment Center und dem nachfolgenden Trainingserfolg. Er konnte nachweisen, daß der erste Eindruck nur eine sehr begrenzte Validität vermittelt. Auch die physische Attraktivität eines Kandidaten erlaubte keine Vorhersage. Beim strukturierten Interview werden ebenfalls nur geringe Korrelationskoeffizienten (um .05) nachgewiesen. In der Untersuchung von Bormann wurde auch bestätigt, daß das Assessment Center als Ganzes über eine wesentlich höhere Validität verfügt als die einzelnen Übungen. Demzufolge entstehen validere Einschätzungen erst, wenn die Beobachter die Beobachteten in verschiedenen Situationen erleben. Erst mit zunehmender Interaktion von Beobachtern und Beobachteten wird die Einschätzung besser. Nach Bormann sind Fortschritte beim Assessment Center nur durch eine bessere Analyse der Personenwahrnehmung möglich. Der eigene Hintergrund und der persönliche Charakter der Beobachter beeinflussen in einem bestimmten Maß auch ihre Beobachtungen. Deshalb sollte der gesamte Prozeß der Personenwahrnehmung in Assessment Centern noch besser durchleuchtet und untersucht werden.

Es gibt erst wenig Forschung über die Auswirkungen unterschiedlicher Assessment Center. Innerhalb eines Assessment Centers gibt es erhebliche Variationsmöglichkeiten. So können zum Beispiel die Übungen in einer unterschiedlichen Abfolge dargeboten werden. Auch kann zum Beispiel die Geschlechtszusammensetzung der Beobachtergruppe oder der Gruppe der Beobachteten einen Einfluß ausüben. Ebenso kann die Beobachtererfahrung eine große Rolle spielen. Cohen (1978) geht davon aus, daß die Konsensusdiskussion ein zentraler Aspekt bei der Assessment-Center-Technologie ist. Die Art, wie die endgültige Einschätzung des Kandidaten vorgenommen wird, nämlich bei der Beobachterkonferenz, spielt eine zentrale Rolle. Zunächst nimmt bekannterweise jeder Beobachter eine Einschätzung vor. Bei der Beobachterkonferenz werden dann Unterschiede in der individuellen Einschätzung diskutiert, bis man schließlich zu einer endgültigen Einschätzung kommt. Es zeigte sich, daß die individuellen Einschätzungen sehr stark durch einige wenige Dimensionen beeinflußt wurden, und daß die „ratings" bei den Einzelbeobachtern relativ stabil bleiben.

In verschiedenen Untersuchungen wurde nachgewiesen, daß einzelne Beobachter einen stärkeren Einfluß ausüben als andere. So spielt die Zusammensetzung des Beobachterteams eine erhebliche Rolle. Kommen Beobachter verschiedener Hierarchieebenen zusammen, so ergeben sich hieraus schon gewisse Probleme. Dawes (1971) zeigte, daß mechanische Entscheidungsregeln in einigen Fällen menschlichen Beurteilungsprozessen überlegen waren. Sackett und Wilson (1982) zeigten, daß die Beobachter in einer Beobachterkonferenz ihre eigene Meinung unterschiedlich häufig änderten. Von daher müßten die gruppendynamischen Prozesse bei einer Beobachterkonferenz noch stärker untersucht werden. Den oben genannten Autoren geht es hauptsächlich darum, die Einflüsse auszuschalten, die durch unterschiedliche Hierarchieebenen zustande kommen. Sie schlagen deshalb vor, die Konsensusdiskussion bei der Beobachterkonferenz durch mechanische Entscheidungsregeln zu ersetzen. Andererseits wäre aber zu überlegen, ob nicht gerade die verbale Auseinandersetzung in der Gruppe eine korrigierende Wirkung hat. Dabei können gleichzeitig sehr extreme Einschätzungen relativiert werden.

In den Forschungsarbeiten zum Assessment Center wurden Standardisierungsarbeiten bisher erst im geringen Umfang geleistet. Standardisierungen können unter folgenden Aspekten erfolgen:

- Übungsinstruktionen,
- Zeitgrenzen,
- zugewiesene Rollen,
- gegenseitige Bekanntschaft von Beobachtern und Kandidaten,
- Konsensdiskussion der Beobachter,
- Abfolge der Übungen.

Die Auswirkungen dieser Aspekte bei Assessment Centern wurden bisher erst ansatzweise untersucht. Es ist zu vermuten, daß die Variation der Übungsabfolge oder die Gruppenzusammensetzung der Beobachter einen sehr hohen Einfluß auf die Ergebnisse des Assessment Centers haben können. Eine Standardisierung des Assessment Centers ist zum einen natürlich schwierig, weil spezifische Übungen für spezifische Aufgabenstellungen zusammengestellt werden. Auf der anderen Seite gibt es aber eine Reihe von Rahmenbedingungen, die eine Standardisierung möglich machen. Die Schwierigkeit der Standardisierungsuntersuchungen zeigt sich in der Praxis an dem sehr hohen organisatorischen Aufwand. Um einzelne Elemente des Assessment Centers variieren zu können, müssen die entsprechenden Kandidaten und entsprechende Unternehmungen gefunden werden, um realitätsgerechte Aussagen erhalten zu können. Die Schwierigkeiten dieser Arbeiten haben Cohen und Sands (1978) in einer Studie beschrieben. In ihrer Untersuchung zeigte sich allerdings, daß die Übungsabfolge in einem Assessment Center keinen signifikanten Einfluß auf die Ergebnisse hatte.

Der erste Schritt in einem Assessment Center ist die Arbeitsplatzanalyse derjenigen Positionen, für die das Programm entwickelt wurde. Diese Analyse ist notwendig, da sie die Grundlage für die zu simulierenden Übungen darstellt.

Der nächste Schritt ist die Festlegung der Kriterien. Die Fähigkeiten müssen klar definiert werden, die für die erfolgreiche Erledigung einer Aufgabe notwendig sind.

In einem weiteren Schritt werden die Übungen zusammengestellt. Diese Übungen sollen die Tätigkeit und die Umgebung der Organisation simulieren. Die Übungen dienen als Test für zukünftige Bewährungsproben innerhalb der entsprechenden Organisation. Von daher müssen diese Übungen charakteristisch für die entsprechende Organisation sein.

Das Beobachtertraining spielt eine Schlüsselrolle bezüglich der Effektivität eines Assessment Centers. Erst ein gutes Beobachtertraining garantiert gültige Aussagen.

Die Durchführung des Assessment Centers ist der zentrale Punkt. Hier müssen spezielle Gegebenheiten der Organisation berücksichtigt werden. Die Akzeptanz der Teilnehmer muß einbezogen werden.

Schließlich muß Feed-back, das die Teilnehmer erhalten, so gegeben werden, daß es den Teilnehmern sinnvoll erscheint und für ihre spätere Arbeit nützlich ist. Auch die Kandidaten, die nicht zum Zuge gekommen sind, müssen das Assessment Center als hilfreich empfunden haben.

Vor dem Hintergrund dieser Faktoren sind die Nachteile vorfabrizierter, standardisierter Assessment Center zu erkennen. Trotz dieser Nachteile, die standardisierte Assessment Center bieten, gibt es doch eine Reihe von Vorteilen. Gerade, wenn nur eine geringe Zahl von Teilnehmern an einem Assessment Center teilnehmen soll, bietet sich ein standardisiertes Assessment Center an. Der Aufwand, der für die Entwicklung eigener Übungen zu betreiben wäre, steht in keinem Verhältnis zu dem Ergebnis. Eine weitere Möglichkeit besteht darin, daß man in einer bestimmten Organisation die Übungen nicht neu konstruiert, sondern die entsprechenden Übungen aus den vorhandenen Assessment Centern auswählt und sie individuell zusammenstellt. Die Übungen passen dann zu den Ergebnissen der Arbeitsplatzanalyse. Auch kann es günstig sein, ein Assessment Center, das in einer ähnlichen oder gleichen Branche durchgeführt wurde, für die eigenen Zwecke zu adaptieren. So kann man ein Assessment Center, das für einen Verkaufsbereich konstruiert wurde, in Abwandlung dann für einen anderen Verkaufsbereich einsetzen.

Kleinevoß und Sonnenberg (1986) haben insbesondere darauf hingewiesen, daß erst eine ausgewogene Kombination von situativen Verfahren und psychologischen Tests die besten Ergebnisse zeigen. Sie berichten über eine Untersuchung an 221 Inspektorenanwärtern und Inspektorenanwärterinnen in einer Bundesverwaltung. Das eignungsdiagnostische Verfahren gliederte sich in einen schriftlichen und in einen mündlichen Teil. Im schriftlichen Teil wurden von jedem Probanden 23 Werte aus Leistungs- und Kenntnistests ermittelt:

> Grundkenntnisse,
> intellektuelle Leistungen,
> berufsbezogene Leistungen,
> Arbeitsverhalten,
> Allgemeinwissen.

Daneben wurden assessment-center-ähnliche Aufgaben eingesetzt, wie zum Beispiel: Einzelvorstellung vor einer Prüfungskommission, gemeinsame Lösung von berufsnahen Arbeitsaufträgen in einer Gruppe, Kurzvorträge über aktuelle Themen, Einzelgespräche. Die Verhaltensbeobachtungen wurden auf einer Sieben-Punkte-Skala festgehalten. Folgende Kriterien wurden dabei verwandt:

> Aktivität,
> Einfallsreichtum,
> emotionale Stabilität,
> sprachlicher Ausdruck,
> Sachbezogenheit,
> Berufsmotivation,
> Kooperation.

Zur Datenreduktion wurde eine Faktorenanalyse durchgeführt. Es handelte sich dabei um eine Hauptkomponentenanalyse mit schiefwinkliger Rotation. Dabei wurde eine Reduktion der dreißig Ausgangsmeßwerte auf zehn Faktoren erzielt. In den Ergebnissen zeigte sich, daß die Verhaltensbeobachtungen einen hohen Stellenwert haben. Die Erfolgsquote verminderte sich im Falle fehlender Verhaltensbeurteilungen. Die Sicherheit der diagnostischen Prognose kann durch die Verhaltensbeobachtung erheblich gesteigert werden. Verwendet man jedoch die Verhaltensbeobachtungen ohne die Testergebnisse zu berücksichtigen, so erhält man eine mit hoher Unsicherheit behaftete Eignungsprognose. Die Trefferquote läge bei lediglich 57 %. „Erst die Kombination mit einer ganzen Reihe von Leistungsmerkmalen aus dem Papier-und-Bleistift-Verfahren führt in den meisten Bedingungen zu einer deutlichen Differenzierung." Wie Kleinevoß und Sonnenberg zeigen konnten, ergaben sich deutliche Differenzen in der Leistungsfähigkeit, insbesondere durch Einbeziehung eines Papier-und-Bleistift-Tests.

Zusammenfassend kommen Kleinevoß und Sonnenberg zu dem Ergebnis, daß die prognostische Prozedur erst bei Einbeziehung situativer Verfahren und klassischer Tests das beste Ergebnis liefert. Auch unter dem Gesichtspunkt der Methodenvielfalt sollten Ergebnisse aus sehr unterschiedlichen Bereichen einbezogen werden. Bei einem typischen Assessment Center werden allerdings die situativen Übungen bei weitem überwiegen. Man sollte jedoch nicht ohne zwingenden Grund auf die Informationen verzichten, die sich aus der Einbeziehung eines klassischen Intelligenztests ergeben. In der Praxis wird es immer wieder Aversionen gegen klassische Testverfahren geben. Dies liegt aber zum einen darin begründet, daß

84

Beurteilte fälschlicherweise davon ausgehen, daß der Test die wesentliche Rolle bei der Entscheidungsfindung spielt. Bei einem typischen, zweitägigen Assessment Center wird der Test, bei dem es sich in der Regel um einen Intelligenztest handelt, nur circa ein bis zwei Stunden in Anspruch nehmen. Zum anderen muß bei der Beurteilung von psychologischen Testverfahren ganz klar unterschieden werden zwischen psychologisch-wissenschaftlich abgesicherten Tests und verschiedenen, nicht genügend standardisierten Auslesemethoden.

2.13. Die Alternativen zum Assessment Center-Verfahren

Hier ist zum einen die „integrated-appraisal-method" zu erwähnen (IAM), die die systematische Untersuchung des Verhaltens direkt am Arbeitsplatz vornimmt. Die notwendigen Daten sollen während der normalen beruflichen Tätigkeit erhoben werden. Begonnen wird dabei mit einer gründlichen Tätigkeitsanalyse. Dazu werden 10 % der Manager anhand eines standardisierten Analyse-Fragebogens interviewt. Danach wird ein ausführlicher Fragebogen entwickelt, der 30 % der Manager der Zielgruppe vorgelegt wird. Im Anschluß daran ist ein Beobachter-Training vorgesehen, dessen Grundlage die Ergebnisse der Tätigkeitsanalyse ist. Außerdem werden dann noch systematische Verfahren zur Sammlung und Auswertung von Daten entwickelt.

Brush und Schoenfeldt (1983) entwickelten ihren „objective-judgement-quotient" (OJQ). Ähnlich wie beim IAM werden auch beim OJQ die Daten zur Selektion während der normalen Tätigkeit am Arbeitsplatz erhoben. Es wird mit einer partizipativen Festlegung der tätigkeitsbezogenen Kriterien begonnen. Es kann dann eine selbständige Wahl der Beobachter-, beziehungsweise der Beurteilerteams durch die Beurteilten erfolgen. Danach wird eine Beurteilung anhand der tätigkeitsbezogenen Kriterien vorgenommen und man kommt zu abschließenden Beurteilungen. Fünf bis acht Beurteiler sollten ausgewählt werden. Unter ihnen sollte auch der persönliche, direkte Vorgesetzte sein. Die Beobachter nehmen an einem Beurteiler-Training teil. Es werden dabei vergleichende „ratings" eingesetzt, um Beurteilungsverzerrungen und Gefälligkeitsurteile aufzuheben. Schließlich wird dann von jedem Beurteilten ein Leistungsprofil erstellt.

Sowohl das IAM als auch das OJQ beziehen ihre Ergebnisse – im Gegensatz zum Assessment Center – aus dem normalen Tätigkeitsbereich. Dabei werden, ähnlich wie beim Assessment Center, zunächst Anforderungsprofile entwickelt und Verhaltensbeschreibungen vorgenommen. Genau wie beim Assessment Center werden mehrere Beurteiler eingesetzt. Dadurch werden die Ergebnisse objektiviert. Die Akzeptanz wird insbesondere beim OJQ auch noch dadurch erhöht, daß die Beurteilten sich ihre Bewerter selber aussuchen können.

Ein Hauptkritikpunkt der beiden beschriebenen Verfahren ist darin zu sehen, daß die zu Beurteilenden im Gegensatz zum Assessment Center in ihrem gegenwärtigen Tätigkeitsbereich beurteilt werden. Es soll aber die Eignung für zukünftige Positionen festgestellt werden, und dies läßt sich eigentlich nur in simulierten Übungen rekonstruieren, die zukünftige Situationen vorwegnehmen.

2.14. Erfolgskontrollen von Assessment Center-Systemen

Die Erforschung der prognostischen Validität von Assessment Centern wird seit zwanzig Jahren vorgenommen. Maukisch (1986) berichtet hier, daß die Stichprobengröße solcher Untersuchungen eine enorme Bandbreite besitzt (N = 17 bis 5943). Erfolgskontrollen wurden auch häufig nur für die mittlere Management-Ebene durchgeführt.

Validitätsuntersuchungen zur Bewährung von Neulingen sind relativ selten. Gaugler et al. (1985) haben wohl eine der differenziertesten Metaanalysen von Assessment Centern vorgenommen.

Klimoski und Strickland (1981) haben darauf hingewiesen, daß Assessment Center bisher kaum auf die Fähigkeit hin untersucht wurden, Leistungskriterien vorherzusagen. Bisher habe man sich hauptsächlich auf die Vorhersage von Förderungskriterien konzentriert.

In der Untersuchung von Thornton und Byham (1982) zeigte sich, daß das Assessment Center regelmäßig eine bessere Bewährungsrate hatte als herkömmliche Auslesemethoden. Die Informationssammlung ist breiter gestreut und hat deshalb eine größere, praktische Relevanz.

Bei den Assessment Centern kann man im Durchschnitt von einer Validität von .43 ausgehen. Diese Validität kommt Intelligenztests bereits sehr nahe. Den eindeutigen Vorteil gegenüber Intelligenztests hat das Assessment Center in der Hinsicht, daß es wesentlich leistungsfähiger bei der Vorhersagekraft für Beförderungs- und subjektive Leistungskriterien ist.

Erstaunlicherweise haben bei der Beförderungsvorhersage auch die subjektiven Vorgesetzten- und Kollegenurteile einen hohen Grad der Vorhersagegültigkeit. Nach Maukisch (1986) sollte deshalb die Voraussagekraft von Kollegenurteilen und „peer-ratings" stärker als Informationsquelle einbezogen werden. Dies ist natürlich bei Neulingen nicht möglich.

Zusammenfassend läßt sich sagen, daß das Assessment Center bei der Vorhersage von tatsächlichen Beförderungen eine relativ hohe Genauigkeit erzielt. Nach Maukisch (1986) sollte die Assessment Center-Forschung sich in folgende Richtungen bewegen:

„1. Vergleich alternativer, eignungsdiagnostischer Systeme mit Assessment-Center-typischen Systemen bei gleicher Fragestellung, bzw. besser noch Prüfung der Leistung Assessment Center-typischer Prädiktorklassen im Vergleich mit herkömmlichen Prädiktorklassen bei gleicher Fragestellung. Erarbeitung rationeller Prozeduren für die Zusammenstellung optimaler Prädiktorsätze für bestimmte Fragestellungen.

2. Ausrichtung der Forschung auf den mindest- beziehungsweise höchsterforderlichen Informationsaufwand. Es ist zu vermuten, daß in Assessment-Center-Systemen beträchtliche Redundanz steckt und ein „Abspecken" der Mammutprogramme keinen Validitätsverlust, aber Ökonomiegewinn bringt.

3. Evaluation in Bezug auf den objektiven Nutzen für die Organisation; Verwendung objektiver Leistungs- und Ertragskriterien in ökonomischer und sozialer Hinsicht. Auch geringere Validitäten in diesem Bereich könnten nützlicher sein als die Bestätigung stereotypisierter Wahrnehmungen aller Beteiligten und das bloße Einfrieren des herrschenden Organisationssystems auf dem herkömmlichen Stand.

4. Dynamisierung der Assessment-Center-Übungen im Sinne prozeßdiagnostischer Ansätze, um bisher unbekannte, in der Vorgeschichte nicht routinierte Problemlöse- und Entscheidungskompetenz zu entdecken.

5. Radikalisierung des kriterienorientierten Ansatzes durch gänzlichen Verzicht auf die Trait-Attributionen. Bewertung nur noch übungsbezogen, konkrete Verankerung des Anforderungsniveaus in den gestellten Aufgaben selbst, Qualifikationen an der Aufgabenbewältigung ablesen, nicht am Vergleich der Personen.

6. Einführung differenzierter Treatments, Evaluation für Entwicklungsprogramme, nicht nur für die schlichte Karriereeröffnung oder -verschließung."

2.15. Geschlechtsspezifische Unterschiede bei der Einschätzung durch das Assessment Center

Ritchie und Moses (1983) haben 1097 weibliche Manager untersucht. Als Kriterium wurde der Karrierefortschritt nach sieben Jahren herangezogen. Als Vergleich wurden männliche Manager mit der gleichen Prozedur untersucht. Es zeigte sich zum einen, daß das Assessment Center eine sehr gute Möglichkeit für die Vorhersage des Potentials weiblicher Führungskräfte bietet. Hier ergab sich eine Korrelation von .42 zwischen der Vorhersage durch das Assessment Center und der nach sieben Jahren erreichten Karrierestufe. Die Studie ergab weiterhin, daß die Fähigkeiten, die eine Frau für den Fortschritt in einer Organisation benötigt, die gleichen sind wie die, die bei Männern relevant sind. Erfolgreiche weibliche Manager sind also in ihrem Managementpotential ihren männlichen Partnern sehr ähnlich. Beim Assessment Center kann man sich also auf die gleichen Kriterien beziehen. Unterschiede im Managementpotential ergeben sich also eher aus individuellen Differenzen als aus Geschlechtsdifferenzen. Aus der Untersuchung läßt sich weiterhin schußfolgern, daß Männer und Frauen für eine erfolgreiche Managementtätigkeit ähnliche Fähigkeiten aufweisen müssen.

2.16. Die Kritik am Assessment Center

Es stellt sich die Frage, ob sich die Teilnehmer in einem Assessment Center tatsächlich so verhalten, wie sie dies in der Realsituation tun würden.

Wir wissen, daß das Führungsverhalten durch verschiedene Faktoren bestimmt wird, so z. B. durch die eigene Lebensgeschichte, die augenblickliche Situation, durch die Interaktion mit anderen Menschen und durch instinktive Reaktionen. Unter Berücksichtigung dieser Faktoren muß man sagen, daß sich nahezu keine Führungssituation exakt simulieren läßt. Es spielen immer verfälschende Faktoren eine Rolle.

In diesem Zusammenhang stellt sich auch die Frage nach der Gültigkeit eines Assessment Centers. In erster Linie interessiert dabei die sogenannte Kriteriumsproblematik. Das heißt, läßt sich tatsächlich beurteilen, ob die Ergebnisse des Assessment Centers richtig oder falsch sind? Welches Kriterium kann man z. B. heranziehen, um die Richtigkeit der Auswahl zu belegen? Sollte man die Selbsteinschätzung nehmen, den Gehaltszuwachs, das Klettern auf der Hierarchieleiter oder eine Einschätzung, die den Beitrag des Teilnehmers zum Gesamterfolg des Unternehmens widerspiegelt?

Auch sogenannte Zuverlässigkeitsüberprüfungen sollten bei der Bewertung eines Assessment Centers eine Rolle spielen. Dabei soll sichergestellt werden, daß die Beobachter nach den selben Maßstäben urteilen. Die Zuverlässigkeit oder Reliabilität gibt den Grad der Genauigkeit an, mit dem ein bestimmtes Ergebnis oder eine bestimmte Aussage erreicht wird. In diesem Zusammenhang spielt besonders die Beobachterschulung eine Rolle. Subjektive Beobachtungsfehler müssen so weit wie möglich während der Beobachterschulung ausgeschaltet werden.

Das Ergebnis bei einem Assessment Center kann auch durch sogenannte „übungsspezifische Filtereffekte" (Neubauer 1985) verfälscht werden. So kann ein Teilnehmer, der über sehr gute verbale Fähigkeiten verfügt, in einer ganzen Reihe von Übungen gut abschneiden. Ein anderer Teilnehmer, der sich verbal umständlicher ausdrückt, kann zum Beispiel in Entscheidungs- oder Kreativitätssituationen schlechter abschneiden. Die Entscheidungs- und Kreativitätsfähigkeit wird somit schlechter erkennbar, da die verbale Darstellungsfähigkeit des Teilnehmers unzureichend ist. Dieses Beispiel zeigt, daß einzelne Fähigkeiten gleichsam als Filter auch die Beobachtung beziehungsweise die Beurteilung anderer Fähigkeiten beeinflussen kann. Nach Neubauer ist dieser Effekt noch viel zu wenig untersucht worden und sollte viel stärker bei der Konstuktion von Übungen einbezogen werden. Die verbalen Fähigkeiten spielen in fast allen Übungen beim Assessment Center eine erhebliche Rolle. Eine Gefahr besteht also darin, daß Teilnehmer mit einem sehr guten verbalen Ausdrucksvermögen insgesamt besser abschneiden als Teilnehmer, die nicht über diese sprachliche Gewandtheit verfügen. Die verbale Gewandtheit ist aber nicht gleichbedeutend mit zum Beispiel hoher Entscheidungssicherheit. Neubauer schlägt deshalb zwei Maßnahmen vor, um derartige Fehlermöglichkeiten auszuschließen: „Jede Beobachtungsdimension wird, soweit möglich, in zwei Übungen mit unter-schiedlichen Beobachtungsmedien abgedeckt. Im Beobachtertraining wird speziell das Erkennen dieser Filterwirkung trainiert."

Klimoski et al. (1980) weisen darauf hin, daß Assessment Center auf sehr unterschiedliche Arten durchgeführt werden. Dies beginnt damit, wie die Kandidaten ausgewählt werden, bis hin zum Training der Beobachter und zum Meinungs- und Entscheidungsprozeß der Beobachter über die Kandi-daten. Insbesondere bei der Beobachterkonferenz zeigen sich bei der Konsensusdiskussion eine Reihe von gruppendynamischen Problemen. Klimoski et al. haben nachgewiesen, daß der Leiter der Beobachterkonfe-renz häufig einen wesentlich stärkeren Einfluß ausübt als die anderen

Gruppenmitglieder. Auch innerhalb der Gruppe gibt es sehr unterschiedliche Einflüsse.

Die Beobachtersitzung hat sich als eine besonders kritische Phase bei der Bewertung der Kandidaten erwiesen. Die Art, wie diskutiert wird und wie die Informationen verwandt werden, beeinflußt in erheblichem Umfang das Ergebnis dieser Sitzung. Bei der Beobachtersitzung müssen Gruppenphänomene beobachtet werden. Diese Gruppenphänomene können die Ergebnisfindung erheblich beeinflussen. Es zeigte sich, daß Leiter der Beobachterkonferenz, die vorher auch als Beobachter während des Assessment Centers teilgenommen hatten, einen wesentlich stärkeren Einfluß ausübten als Leiter, die lediglich eine Moderatorenfunktion hatten und nicht am eigentlichen Assessment Center teilnahmen. Zusammenfassend kann man sagen, daß der Status und die Macht des Leiters der Beobachterkonferenz erheblich zum Ergebnis beitragen. Da es sich hierbei um verfälschende Faktoren handelt, müssen diese Einflußmöglichkeiten durchsichtig gemacht werden, und spezielle Trainings müssen diese gruppendynamischen Einflüsse minimieren.

Sackett (1981) weist auf die verfälschenden Faktoren hin, die bei Validitätsuntersuchungen auftreten können. Wenn ein erfolgreicher Kandidat von einem Assessment Center zurückkehrt, wird der Vorgesetzte diesen Kandidaten wahrscheinlich weit günstiger einschätzen als einen abgelehnten Kandidaten. Dies führt auch dazu, daß der Vorgesetzte seine erfolgreichen Kanditaten wahrscheinlich besser fördern wird, ihn positiver sehen wird und ihm erfolgversprechendere Tätigkeiten übertragen wird. In diesem Fall wäre die Beziehung zwischen dem Assessment-Center-Ergebnis und dem Aufstieg in der Firma ein Artefakt. Es kämen nämlich andere als Persönlichkeitsfaktoren hinzu, die Einfluß ausüben. Wir haben es hier mit einer Kriteriumskontamination zu tun, die für das Ergebnis der Firma zwar günstiger ist, für die Validitätsaussage des Assessment Centers jedoch Schwierigkeiten mit sich bringt. Sehr kritisch formuliert heißt dies, daß das Assessment Center nicht zu einer besseren Auswahlentscheidung führt, sondern lediglich diejenigen Mitarbeiter identifiziert werden, die in einer bestehenden Organisation am besten vorankommen.

Sackett (1981) weist auch darauf hin, daß es einen großen Mangel bei der Standardisierung von Assessment Centern gibt. Dies bezieht sich auf die Anzahl der Übungen, die Anzahl der Dimensionen, den Umfang des Beobachtertrainings und die Art, wie die Beobachter eines Konsensus herstellen. Die einzelnen Assessment Center-Übungen müssen zwar individuell zusammengestellt werden, der äußere Rahmen eines Assessment Centers sollte aber, um Vergleiche anstellen zu können, in eine bestimmte Standardisierung gebracht werden. Solange dies nicht geschehen ist, wird es schwierig sein, Forschungsergebnisse, die sich aus einem Assessment Center ergaben, auf ein anderes Assessment Center zu übertragen.

Bei der Mitarbeiterbeurteilung zeigte sich ebenfalls (Sackett und Hakel, 1979), daß insbesondere drei Kriterien ausschlaggebend waren für die Beurteilung:

> Führungseigenschaften,
> Organisieren und Planen,
> Entscheidungsfindung.

Die Beobachter wiesen auch immer wieder darauf hin, daß sie diese Kriterien für die wichtigsten hielten. Bei den übrigen Kriterien gab es nach Einschätzung der Beobachter starke Meinungsunterschiede.

Eine weitere Problematik ergibt sich auch daraus, daß die Aussage, die in einem Assessment Center gemacht wird, für den einzelnen Teilnehmer nur eine Gültigkeit von ca. 2–4 Jahren hat. Führungspositionen werden aber häufig für einen längeren Zeitraum besetzt. Hieraus ergibt sich die Notwendigkeit, längerfristige Aussagen zu machen. Dies ist bisher noch nicht möglich.

Eine weitere Schwierigkeit bei der Voraussage des zukünftigen Führungsverhaltens ergibt sich auch daraus, daß man manchmal noch gar nicht genau weiß, welches Führungsverhalten in 5 oder 10 Jahren notwendig sein wird. Wir können immer nur von der augenblicklichen Situation ausgehen, bzw. mögliche kurzfristige Veränderungen einbeziehen.

Um ein Assessment Center auf Brauchbarkeit hin zu überprüfen, wäre es auch günstig, sogenannte Kontrollgruppen zu bilden. Es müßte sich dabei um Führungskräfte handeln, die nicht nach der Assessment-Center-Methode ausgewählt wurden, sondern nach anderen Methoden. Allerdings müßten diese Angehörigen der Kontrollgruppe ansonsten ähnliche Persönlichkeitsvoraussetzungen besitzen wie die Teilnehmer des Assessment Centers. Hieraus ergeben sich sicherlich eine Reihe von praktischen Schwierigkeiten.

Ein weiterer sehr wichtiger Punkt für das Unternehmen stellt die Behandlung der sogenannten Verlierer dar. Verlierer sollte es in einem guten Assessment Center nicht geben. Jeder Teilnehmer sollte bestimmte Vorschläge für seine berufliche Weiterentwicklung erhalten. Trotzdem taucht dieses Problem auf, wenn es darum geht, eine bestimmte Führungsposition zu besetzen und nur ein Teilnehmer diese Position übernehmen kann. Hierbei ist es dann wichtig, daß die übrigen Teilnehmer nicht demotiviert werden, sondern weiterhin Leistungsanreize für ihr persönliches Weiterkommen erhalten, z. B. in Form von Laufbahnalternativen.

Verschiedene externe Berater haben darauf aufmerksam gemacht, daß in jedem Assessment Center eine bestimmte Firmenideologie enthalten ist. Über die Art der Stellenbeschreibung und die Art der Kriteriumsauswahl gehen firmenspezifische Faktoren in das Assessment Center ein. Dies kann für das Unternehmen von Vorteil sein, für den einzelnen Teilnehmer können daraus aber bei einem möglichen Firmenwechsel Schwierigkeiten auftauchen.

Eine mögliche Gefahr des Assessment Centers besteht auch darin, daß Führungskräfte „ohne Ecken und Kanten" ausgewählt werden. Persönlichkeiten, die durch ihre Eigendynamik und Innovationsfreude nicht in herkömmliche Schemate passen, könnten ausgesiebt werden.

Sicherlich erfordert ein Assessment Center auch einen nicht zu unterschätzenden wirtschaftlichen Aufwand. Immerhin werden Linienvorgesetzte für mehrere Tage als Beobachter benötigt. Die Abschlußdiskussionen und die Schlußberichte erfordern Zeit und Mühe. Auch hört man hin und wieder, daß sich Führungskräfte die Auswahl ihrer Mitarbeiter nicht ohne weiteres aus der Hand nehmen lassen wollen.

Hier ist wohl auch einer der größten Widerstände bei der Einführung eines Assessment Centers zu erwarten. Sicher wirkt der einzelne Linienvorgesetzte bei der Entscheidung mit, aber neben ihm haben noch eine Reihe von anderen Vorgesetzten einen entscheidenen Einfluß.

Zusammenfassend können sich folgende Fehlerquellen beim Assessment Center ergeben:

- Auswahl der Teilnehmer
- Auswahl der Einzelübungen
- Auswahl der Beurteilungskriterien
- Zusammensetzung des Beobachterstabes
- Rahmenbedingungen des Unternehmens

Unter methodischen Gesichtspunkten lassen sich 2 Fehlerquellen erkennen:

1. Entsprechen die durch die Übungen simulierten Situationen tatsächlich vergleichbaren, in der Praxis auftretenden Situationen?
2. Verhalten sich die Teilnehmer in den Assessment Centern tatsächlich so, wie sie es in normalen Arbeitssituationen tun würden?

Trotz dieser Kritikpunkte sind Assessment Center generell positiv einzuschätzen. Auch das Assessment Center kann weiterentwickelt und verbessert werden. Aus heutiger Sicht übertrifft das Assessment Center als Personalauswahl- und Personalentwicklungsverfahren mit Sicherheit jedes andere bestehende Verfahren bezüglich seiner Prognosefähigkeit. Insbesondere bei der Auswahl und Entwicklung von Führungskräften ist das Assessment Center die wohl zur Zeit beste Methode.

2.17. Probleme bei der Einführung eines Assessment Centers

Die Einführung eines Assessment Centers ist wohl eine der heikelsten und schwierigsten Phasen überhaupt. Im Vorfeld können bereits viele Schwierigkeiten auftauchen, die die Einführung eines Assessment Centers unmöglich machen. Generell kann man sagen, daß absolute Offenheit und Vertrauensweckung die wichtigsten Voraussetzungen sind, ein Assessment Center zu initiieren. Es geht zunächst darum, Akzeptanz zu erreichen und unnötige Ängste bei potentiellen Teilnehmern abzubauen. Hinzu kommt die Befürchtung, daß Kompetenzen neu verteilt, bisherige Entscheidungsregeln beeinflußt und Machtpositionen geändert werden könnten.

In vielen Fällen wird das Assessment Center von der Personalabteilung oder der Abteilung für Aus- und Weiterbildung als Idee in das Unternehmen getragen. Hier hängt es dann von der Stärke der Abteilung ab, ob sich die Idee des Assessment Centers durchsetzen kann. In vielen Fällen wird es auch so sein, daß mit der Einführung des Assessment Centers die initiierende Abteilung einen gewissen Machtzuwachs erhält, der allein darin besteht, daß sie das „know-how" für das Prozedere und maßgebliche Normen für das Verfahren entwickelt. Die Personalabteilung oder Abteilung für Aus- und Weiterbildung erhält gleichzeitig mit dem Assessment Center eine höhere Entscheidungskompetenz, und damit ist ein gewisser Machtzuwachs verbunden. Dieser Machtzuwachs geht in vielen Fällen auf Kosten anderer Entscheidungsträger.

Um ein Asssessment Center durchzusetzen, sollte man sich die Stärke dieses Verfahrens vor Augen halten, die darin besteht, daß zum Beispiel die Qualität der Entscheidung bei der Auswahl von Führungskräften im großen

Maße gesteigert werden kann. Natürlich wird niemand zugeben, daß Entscheidungen bei der Auswahl von Führungskräften traditionell auch durch Sympathie und Protektion erfolgen. Tatsächlich ist es aber so. Bei der Diskussion der Einführung des Assessment Centers muß man also damit rechnen, daß es eine offene und eine versteckte Agenda geben wird. Die versteckte Agenda wird darin bestehen, daß Machtverlust befürchtet wird, und man die eigenen Einflußmöglichkeiten beschnitten sieht. Die offene Agenda wird darin bestehen, daß mit scheinbaren Sachargumenten die bisherige Entscheidungsprozedur gerechtfertigt und auf den Aufwand des Verfahrens hingewiesen wird.

Der hohe Plausibilitätsgrad des Assessment Centers wird es allerdings erleichtern, eine Einführung zu initiieren. Ein gutes Assessment Center ist fair und hat eine hohe Aussagegültigkeit.

Welche Möglichkeiten gibt es nun, die Einführung eines Assessment Centers zu erleichtern? Von Anfang an sollte darauf geachtet werden, daß das Management in hohem Maße in die Entscheidungsfindung einbezogen wird. Die vorschlagende Abteilung könnte vielleicht auch einen Stichwortkatalog entwickeln, der die Vorteile eines Assessment Centers darstellt. Darin sollte auch besonders hervorgehoben werden, daß die Linienvorgesetzten in das Assessment Center sehr stark einbezogen werden, nämlich über die Funktion der Beobachter. Die Führungskräfte der Organisation könnten zum Beispiel bei der Definition der Anforderungsmerkmale mitarbeiten. Ihr Erfahrungspotential, das sie bisher in herkömmliche Auswahlentscheidungen investiert haben, könnte nunmehr in effizienterer Weise in die Entwicklung des Assessment Centers eingehen. Auch bei der Auswahl der Übungen könnten Führungskräfte einbezogen werden. Auf jeden Fall sollte man auf sehr hoher Führungsebene mit der Weckung des Verständnisses für das Assessment Center beginnen.

Es wäre auch günstig, zunächst einmal ein Assessment Center probeweise einzuführen, zum Beispiel bei der Auswahl des externen Führungsnachwuchses. In der Praxis bevorzugt man häufig diesen Weg. Die Mehrzahl der Führungskräfte wird nicht tangiert; das Verfahren kann zunächst aus einer gewissen Distanz beobachtet werden. Die Bewährung des Verfahrens kann ohne große Risiken erfolgen.

Wenn man ein Assessment Center als wirksames Verfahren einführen möchte, sollte man auch sehr stark darauf achten, daß jeglicher Verdacht von Protektion und Manipulation erst gar nicht entsteht. Normalerweise werden die Teilnehmer an einem Assessment Center von Vorgesetzten vorgeschlagen. Hierbei kann es aber bereits zu Filterprozessen kommen, und auch Bevorzugungen können hier bereits wirksam werden. Erst eine durchschaubare und faire Zulassungsvoraussetzung wird die Akzeptanz der Verfahren ermöglichen. So wird von einigen Unternehmen eine differenzierte Zulassungsvoraussetzung angeboten. Zwar können weiterhin Vorgesetzte die besonders qualifiziert erscheinenden Mitarbeiter für das Assessment Center vorschlagen. Es kann aber auch zu Selbstbewerbungen kommen. Diese Selbstbewerbungen werden lediglich beschränkt durch eine Reihe formaler Voraussetzungen, wie zum Beispiel Mindestalter, Mindestbeurteilungen, spezifische Qualifikation.

Eine Stärke des Assessment Centers besteht gerade in seiner Durchsichtigkeit und Fairness. Diese Stärken sollten den Teilnehmern bewußt gemacht werden. Selbst wenn man dann im Assessment Center nicht so gut abschneidet, wird man eher geneigt sein, diese Beurteilung zu akzeptieren, da man sich einem „gerechten" Verfahren unterzogen hat. Das Verfahren wird dann als „gerecht" empfunden, wenn es in allen Einzelzügen nachvollzogen werden kann. In einigen Unternehmen werden selbst die Anforderungsdimensionen bekanntgegeben, so daß sich jeder Teilnehmer darüber im klaren ist, welche Eigenschaften beobachtet werden.

Die Akzeptanz des Verfahrens kann auch dadurch weiter erhöht werden, daß man unnötige Streßsituationen während des Assessment Centers vermeidet. Es gibt immer noch Assessment Center, die eigentlich mehr die Streßbelastung der Teilnehmer überprüfen, als ihre eigentliche Führungseignung. Natürlich entsteht auch in vielen Führungssituationen Streß, aber dies ist nicht der Hauptgesichtspunkt in normalen Führungssituationen. Gerade sozial sehr kompetente Persönlichkeiten, die sich später als hervorragende Führungskräfte erweisen, können in übersteigerten Streßsituationen versagen. Dies kann mit einem zu hohen Anspruchsniveau, einer situationsbedingten Übersensibilität oder auch einer Neigung zu Überinterpretationen zusammenhängen. Gerade sehr intelligente Mitarbeiter neigen manchmal dazu, für sie unsichere und undurchschaubare Situationen als zu wichtig einzuschätzen.

Bei unserer Beratungstätigkeit haben wir auch immer wieder beobachten können, daß ein Assessment Center erst beim zweiten oder dritten Anlauf in ein Unternehmen eingeführt werden konnte. Es mag zum einen darin begründet sein, daß zunächst der Informationsstand noch unzureichend war, zum anderen aber auch, daß die Argumente, die für ein Assessment Center sprechen, sich erst mit der Zeit durchsetzen konnten. Gerade der

Beurteilungsbereich ist äußerst sensibel. Jede Veränderung auf diesem Gebiet, wird zunächst auf Widerstände stoßen. Diese Widerstände brauchen Zeit, um schließlich ausgeräumt zu werden.

Von den Beobachtern wird gerade bei den ersten Assessment Centern zu sehr die Rolle des Inquisitors eingenommen. Die Beobachter verhalten sich zu selbstherrlich und glauben, auf Grund ihrer Beurteilerrolle ihre Macht auch voll auskosten zu müssen. Es sollte bei einem guten Assessment Center keine kalte, unfreundliche Atmosphäre entstehen, sondern die Beobachter und Organisatoren sollten bewußt eine helfende Rolle einnehmen und für eine entspannte Atmosphäre sorgen.

Das Assessment Center wird letztlich um so eher auf Akzeptanz stoßen, je mehr Konsens darüber herrscht, daß die negativen Beurteilungen nur eine gewisse Zeit, zum Beispiel drei bis fünf Jahre, Gültigkeit haben. Danach könnte der abgelehnte Kandidat an einem erneuten Assessment Center teilnehmen. Grundsätzlich sollte auch durch die Vorauswahl versucht werden, den Kreis der abgelehnten Kandidaten nicht zu groß werden zu lassen. Das Assessment Center sollte im Unternehmen das Image erhalten, daß grundsätzlich nur leistungsstarke Mitarbeiter an einem Assessment Center teilnehmen können, so daß bereits die Teilnahme als Erfolgsnachweis gilt. Die abgelehnten Bewerber sollten durch die Vorgesetzten und Beobachter besonders betreut werden. Gerade hier sollte ein detailliertes Feedback gegeben werden, um dem abgelehnten Bewerber zu helfen, seine Stärken weiterzuentwickeln. Bei einem guten Assessment Center sollte man immer bemüht sein, über die engere Aufgabenstellung des Verfahrens hinauszugehen und die menschliche Seite des Bewerbers mit im Auge behalten. Das Assessment Center ist von daher als punktuelles Verfahren zu sehen, daß zum einen der Auswahl von Führungskräften dient, zum anderen aber auch dem Mitarbeiter eine Rückmeldung über seine Weiterentwicklungsmöglichkeiten vermitteln soll.

2.18. Checkliste zur Durchführung eines Assessment Centers

- Sind die Beobachter genügend geschult?
- Nehmen auch wirklich die besten Kandidaten am Assessment Center teil?
- Ist der organisatorische Ablauf ausreichend vorbereitet?
- Enthalten die Übungen genügend Simulationen zukünftiger Situationen?
- Wurde ein Testlauf der selbstentwickelten Übungen durchgeführt?
- Sind die Anforderungen spezifisch genug erhoben worden?
- Wurden die Anforderungskategorien mehrmals überprüft?
- Wird die Gruppenzusammensetzung laufend variiert?
- Ist für eine Beobachterrotation gesorgt?
- Wurden Linienvorgesetzte als Beobachter genügend berücksichtigt?
- Wurde genug unternommen, daß das Assessment Center-Verfahren akzeptiert werden kann?
- Wurden die vorbereitenden Schritte zur Einführung eines Assessment Centers ausreichend berücksichtigt?
- Wurde sichergestellt, daß beim Assessment Center nicht zuviel unnötiger Streß entsteht?
- Wurde sichergestellt, daß beim Auswahl-Assessment-Center die nicht berücksichtigten Teilnehmer nicht ihr Gesicht verlieren?
- Haben die Beobachter nach den einzelnen Übungen genügend Zeit, ihre Beobachtungen zu reflektieren?
- Entsprechen die Beobachtungskriterien den tatsächlichen Anforderungen?
- Kann auch auf standardisierte Verfahren zurückgegriffen werden oder müssen auf jeden Fall neue Übungen entwickelt werden?
- Sind die Feed-Back-Gespräche für die Teilnehmer konstruktiv und hilfreich?
- Können die Teilnehmer das dargestellte Ergebnis akzeptieren?
- Ist das Verfahren für die Teilnehmer durchsichtig?

Literaturverzeichnis

Adler, A.: Der Sinn des Lebens, Frankfurt 1972.

Adler, Seymour: Using Assessment Centers in Smaller Organizations. In: Personnel Journal, 57. Jg. 1978, H. 9, S. 484–487 u. 516–518.

Anundsen, Kristin: An Assessment Center at Work. In: Personnel, 52. Jg. 1975, H. 2, S. 29–36.

Argyris, C.: Increasing leadership effectiveness. New York: Wiley, 1976.

Atteslander, Peter: Methoden der empirischen Sozialforschung. 4. erw. Aufl., Berlin 1975.

Bales, R. F.: Interaction process analysis, Cambridge, Mass. 1950.

Bass, Bernhard M., Burger, Philip in Zusammenarbeit mit Robert Doktor u. Gerald V. Barrett: Assessment of Managers. An International Comparison. New York und London 1979.

Bender, J.: What is „typical" of assessment centers? in: Personnel, 50. Jg. H. 4 1973, S. 50–57.

Berthel, J.: (1979), Personalmanagement. Grundzüge für Konzeptionen betrieblicher Personalarbeit, Stuttgart 1979.

Bisani, F.: Personalführung, 2. Auflage, Wiesbaden 1980.

Block, Burkhard: Die Kosten von Fehlentscheidungen. In: Personalwirtschaft 1982, H. 7, S. 28–30.

Blumenfeld, W.: (1971), Early identification of managerial potential by means of assessment centers, in Atlanta Economic Review, 1971, H. 12, S. 35–38.

Bormann, Walter C.: Effects of Instructions to Avoid Halo Error on Reliability and Validity of Performance Evaluation Ratings. In: Journal of Applied Psychology, 60. Jg. 1975, H. 5, S. 556–560.

Bormann, Walter C.: Format and Training Effects on Rating Accuracy and Rater Errors. In: Journal of Applied Psychology, 64. Jg. 1979, H. 4, S. 410–421.

Brandstätter, H.: Die Beurteilung von Mitarbeitern. In: Mayer, A., Herwig, B. (Hrsg.): Handbuch der Psychologie, Bd. 9: Betriebspsychologie, Göttingen 1976, S. 668–734.

Brandstätter, H.: Psychologische Grundlagen personeller Entscheidungen. In: Schuler, H., & Stehle, W.: (Eds.): Psychologie in Wirtschaft und Verwaltung – Praktische Erfahrungen mit organisationspsychologischen Konzepten. Stuttgart 1982, S. 19–49.

Braun, G.: Assessment Center als Einstelltest. In: Personalwirtschaft, 1/1978, S. 5–9.

Bray, Douglas W.: The Assessment Center Method. In: Training and Development Handbook. A Guide to Human Resource Developent, hrsg. von Robert L. Craig. New York u. a. 1976, Kap. 16, S. 1–15.

Bray, Douglas W., & Campbell, J. R.: Selection of salesmen by means of an assessment-center. Journal of Applied Psychology, 1968, 52, 36–41.

Bray, Douglas W./Grant, D.: (1966), The assessment center in the measurement of potential for business management, in: Psychological Monographs, General & Applied, 1966, 80 (17), 1–27.

Brengelmann, J.: Psychologische Tests zur Messung von Führungsverhalten. In: Dokumentation (1979), S. 55–76.

Brush, D. H./Schoenfeldt, L. F.: (1980), Identifying Managerial Potential: An Alternative to Assessment Centers, in: Personnel, May/June 1980, S. 58–76.

Bürstner, Heinrich u. Fröhlich, Werner: Assessment Center in der Praxis – wirksames Instrument der Personalarbeit? In: Personalwirtschaft, 11. Jg. 1984, H. 1, S. 13–18.

Byham, William C.: The Use of Assessment Centers in Management Development. In: Management Development and Training Handbook, hrsg. von Bernhard Taylor u. Gordon L. Lippitt, London und New York 1975, S. 63–83.

Byham, W. C.: Application of the assessemt center method in: Moses and Byham (1977), S. 31–43.

Byham, W. C.: (1970), Assessment centers for spotting future managers, in Harvard Business Review (48) 1970, S. 150–167.

Byham, W. C.: (1975), The use of assessment centers in management development, in: Taylor, B./Lippitt, G. L. (Hrsg.), Management Development and Training Handbook, London u. a. 1975, S. 63–83.

Byham, W. C., & Wettengel, C.: Assessment Centers for supervisors and managers – an introduction and overview. Public Personnel Management, 1974, 3 (5), 352–364.

Campbell, Richard J. U. Bray, Douglas W.: Assessment Centers: An Aid in Management Selection. In: Personnel Administration, 30. Jg. 1967, H. 2, S. 7–13.

Carleton, F.: Relationships between follow-up evaluations and information developed in a management assessment center. Proceedings of the Annual Convention of the American Psychological Association, 1970, 5 (Pt 2), 565–566.

Cascio, U., Wayne F. & Silbey, Val.: Utility of the assessment center as a selection device. Journal of Applied Psychology, 1979, 64. Jg., H. 2, S. 107–113.

Cascio, W. F./Silbey, V.: (1979), Utility of the Assessment Center as a Selection Device, in: JAP (64) 1979, S. 107–118.

Cohen, B. M., Moses, J. L., & Byham, W. C.: The validity of assessment centers: A literature review. Monograph II. Pittsburgh Development Divisions Press 1974 (zitiert nach Hunter & Hunter 1984 und Thornton & Byham 1982).

Cohen, Stephen, L.: Pre-packed vs. tailor-made: the assessment center debate. Personnel Journal, 1980, 12, 989–991.

Cohen, Stephen, L.: Validity and Assessment Center Technology. One and the same? In: Human Resource Management, 19. Jg. 1980, H. 4, S. 2–11.

Czisnik, Ulrich: Leistungs- und Potentialbeurteilung. Neues Beurteilungsverfahren der Beiersdorfer AG. In: Personalführung 1979, H. 3, S. 55–58.

Dirks, H.: (1982), Assessment-Center-Konzeption, Probleme, Ergebnisse, in: Psychologie und Praxis, 1982, 26, S. 49–66.

Dokumentation zum Ersten Kongreß Assessment Center: Herausgegeben von: Arbeitskreis Assessment Center und Deutsche Vereinigung zur Förderung der Weiterbildung von Führungskräften (Wuppertaler Kreis) e. V., Berichte, Heft 12, Köln 1979.

Edwards, A. L.: The social desirability variable in personality assessment and research. New York: Dryden Press, 1957.

Edward, M. R.: (1983), OJQ Offers Alternative to Assessment Centers, in: PPM (12) 1983, S. 146–155.

Finkle, Robert B.: (1976), Managerial Assessment Centers, in: Dunnette, Marvin D. (Hrsg.), Handbook of Industrial an Organizational Psychology, Chicago: Rand McNally, 1976, S. 861–888.

Finkle, Robert B. u. Jones, William S.: Assessing Corporate Talent. A Key to Managerial Manpower Planning. New York: Wiley, 1970.

Flik, Gotthilf: Die Wehrpsychologie in der Bundeswehr. In: Wehrkunde, 18. Jg. 1969, H. 1, S. 29–35.

Fopp, Leonhard: Das Assessment-Development-Center – neues Instrument in der Personalpolitik, in: io 47. Jg. 1978, S. 540–544.

Fopp, Leonhard: Mitarbeiterauswahl und Mitarbeiterförderung, Bern 1979.

Freund, F./Knoblauch, R./Racke, G.: (1981), Praxisorientierte Personalwirtschafts-lehre, Stuttgart – Berlin – Köln – Mainz 1981.

Friedrichs, Hans: Personalpraxis mittelständischer Unternehmen. Probleme, Erfah-rungen, Ratschläge. Oberursel/Ts. 1975.

Friedrichs, Jürgen: Methoden empirischer Sozialforschung. Reinbek bei Hamburg 1973.

Friederichs, P.: Erstellen von Qualitätsanforderungen an ein Assessment Center, in: AAC und DVFWF (Hrsg.), Dokumentation zum 1. Kongreß Assessment Center, Köln 1979, S. 103–118.

Frieling, E., & Hoyos, C. Graf (Eds.): Fragebogen zur Arbeitsanalyse (FAA). Bern: Huber, 1978.

Fuchs, Armin: Ein Maßanzug für den Führungsnachwuchs. In: Personalführung 1979, H. 7 u. 8, S. 148–151.

Gaugler, B. B., Rosenthal, D. B., Thornton III G. C., & Bentson, C.: Metaanalysis of assessment center validity. Unveröffentlichtes Manuskript persönlich mitgeteilt 1985 (deutschsprachige Veröffentlichung in Schuler & Stehle in Vorbereitung).

Gaugler, E./Lay, G.: Schilling, W.: Einführung und Auswertung von Leistungsbeurtei-lungssystemen, Baden-Baden 1979.

Gebert, D.: Belastung und Beanspruchung in Organisationen. Stuttgart: Poeschel, 1981.

Gebert, D. & Rosenstiel, L. v.: Organisationspsychologie. Stuttgart – Berlin – Köln – Mainz 1981, Kohlhammer.

Ginsburg, Lee R. u. Silvermann, Arnold: The Leaders of Tomorrow: Their Identifica-tion and Development. In: Personnel Journal, 51. Jg. 1972, H. 9, S. 662–666.

Grochla, Erwin u. Thom, Norbert: Fallmethode und Gruppenarbeit in der betriebs-wirtschaftlichen Hochschulausbildung. Ein Kölner Versuch, H. 49 der Hochschul-didaktischen Materialien, hrsg. von der Arbeitsgemeinschaft für Hochschuldidak-tik e. V., 2. durchgesehene und ergänzte Auflage, Hamburg 1978.

Grochla, Erwin u. Thom, Norbert: Das Betriebliche Vorschlagswesen als Führungs- und Personalentwicklungs-Instrument. In: Zeitschrift für betriebswirtschaftliche Forschung (ZfbF), 32. Jg. 1980, S. 769–780.

Grochla, Erwin u. Thom, Norbert, Strombach, Manfred, E.: Organisatorische Gestal-tung der Personalentwicklung in Mittelbetrieben. Ein Leitfaden für die Praxis, in: zfo Köln, H. 3 1983, S. 159–166.

Grümer, Karl-Wilhelm: Beobachtung, Bd. 2 der Studienskripten zur Soziologie, hrsg. von Erwin K. Scheuch, Stuttgart 1974.

Grunow, D.: Personalbeurteilung, Stuttgart 1976.

Hartmann, H.: Psychologische Diagnostik, Stuttgart 1970.

Haynes, Marion E.: Streamlining an Assessment Center. In: Personnel Journal, 55. Jg. 1976, H. 2, S. 80–83.

Haynes, Stephen N.: Principles of Behavioral Assessment. New York 1978.

Heitmeyer, Klaus: Gestaltung der Mitarbeiterauswahl und -beurteilung in mittelständischen Unternehmungen. Basismodule einer effizienten Personalentwicklung. Frankfurt am Main, Bern, New York 1985.

Heitmeyer, Klaus u. Thom, Norbert: Assessment Center. In: Personalwirtschaft 1982, Heft 9, S. 19–26.

Hinrichs, J. R.: Comparison of „real life" assessment of management potential with situational exercises, paper-and-pencil ability tests and personality inventories. Journal of Applied Psychology, 1969, 53, 425–432.

Howard, A.: An assessment of assessment center, in: Academy of Management Journal, 1974, 17 (1), 115–134.

Huck, J.: Assessment Centers: A review of the external and internal validities. In: Personnel Psychology, 26/1973, S. 191–212.

Hugentobler, W. (1976): Personalführung im Klein- und Mittelbetrieb, Diss., Bern 1976.

Hunter, J. E. & Hunter, R. F.: Validity and utility of alternative predictors of job perfomance. Psychological Bulletin 1984, 96, 72–89.

Jäger, A. O.: Personalauslese. In: Mayer, A. & Herwig, B. (Eds.): Handbuch der Psychologie, Bd. 9, Göttingen 1970, S. 613–667.

Jaffe, C. L.: Effective management selection: The analyses of behaviour by simulation techniques. Reading, Mass. 1971.

Jeserich, Wolfgang: Assessment Center als Beitrag der Weiterbildung zur Personalauslese. H. 10 der Berichte der Deutschen Vereinigung zur Förderung der Weiterbildung von Führungskräften (Wuppertaler Kreis) e. V., Königstein/Ts. 1979.

Jeserich, Wolfgang: Mitarbeiter auswählen und fördern, Assessment-Center-Verfahren, München 1981, Handbuch der Weiterbildung für die Praxis in Wirtschaft und Verwaltung, Bd. 1, hrsg.: Jeserich, Comelli, et al. 1981.

Jeserich, Wolfgang: Karriereplanung läßt sich mit der Assessment-Center-Methode dynamischer handhaben. In: Management-Zeitschrift IO, 49. Jg. 1980, H. 3, S. 161–164.

Jeserich, Wolfgang: Stand des Assessment-Center-Gedankens in Deutschland. In: Dokumentation zum ersten Kongreß Assessment Center, hrsg. von der Deutschen Vereinigung zur Förderung der Weiterbildung von Führungskräften (Wuppertaler Kreis) e. V., Königstein/Ts. 1980, S. 11–19.

Jeserich, Wolfgang, (1982): Das Assessment Center-Verfahren, in: Zfbf (34) 1982, S. 365–373.

Jeserich, Wolfgang/Fennekels, G. (1982): Statistische Überprüfung von Assessment-Center-Verfahren, in: Zfbf (34) 1982, S. 826–836.

Kador, F.-J. (1982): Die Notwendigkeit verstärkter Planung im Personalbereich, in: Spie, U. (Hrsg.), Personalwesen als Managementaufgabe, Stuttgart 1982, S. 245–255.

Keil, E. C.: Assessment Centers: A guide for human resource management. Reading, Mass. 1981.

Kellogg, Marion: Führungsgespräche mit Mitarbeitern. (When Man and Manager talk, aus dem Amerikanischen übersetzt von Dorothee Dummer). München 1971.

Kitzmann, A.: Vergleichende Darstellung von gruppendynamischen und gruppen-therapeutischen Verfahren. In: Handbuch der angewandten Psychologie, Bd. 2: Behandlung und Gesundheit, München 1981.

Kitzmann, A./Zimmer, D.: Die Grundlagen der Personalentwicklung, Weil der Stadt, 1982.

Kitzmann, A.: Aufgabe von Führungskräften: Kommunikation. In: Management und Seminar, 6/80.

Kitzmann, A.: Assessment Center. In: Management und Seminar, 2/80, S. 16–17.

Kitzmann, A.: Verhaltensstörungen im Betrieb. In: Handbuch der angewandten Psychologie, Bd. 1: Arbeit und Organisation, München 1980.

Kitzmann, A.: Vergleichende Darstellung der Transaktionsanalyse und der Themen-zentrierten Interaktion. Congress und Seminar 6/81.

Klimoski, R. J. & Strickland, W. J.: A comparative view of assessment centers. Unpublished manuscript 1981 (zitiert nach Hunter & Hunter 1984 und Thonton & Byham 1982).

Klimoski, R. J. & Strickland, W. J.: Assessment Centers: Valid or merely prescient. Personnel Psychology, 1977, 30, 353–363.

Koch, H.-E.: Grundlagen und Grundproblem einer betrieblichen Karriereplanung. Frankfurt: Lang 1981.

König, René: Die Beobachtung. In: Handbuch der empirischen Sozialforschung, 3. umgearb. und erw. Aufl., Bd. 2, Grundlegende Methoden und Techniken der empirischen Sozialforschung, 1. Teil, hrsg. von René König, Stuttgart 1973, S. 1–65.

Körschgen, W.: Beurteilungsseminare – ein sicheres Mittel zur Auswahl der Besten. In: Personalführung, 1/1976, S. 14–20.

Kraut, Allen I.: New Frontiers for Assessment Centers. In: Personnel, 53. Jg. 1976, H. 4, S. 30–38.

Kraut. A. J.: A hard look at management assessment centers and their future. Personnel Journal, 1972, 51, 317–326.

Kraut, A. J.: Management assessment centers in international organizations. Industrial Relations, 1973, 12 (2), 172–182.

Kraut, A. J.: Prediction of managerial success by peer and training staff ratings. Journal of Applied Psychology, 1975, 60, 14–19.

Lang, A.: Psychodiagnostik als ethisches Dilemma. In: Triebe, J. U., & Ulich, E. (Eds.) Beiträge zur Eignungsdiagnostik, Bern: Huber, 1977, 190–203.

Latham, Gary; Wexley, Kenneth N. u. Pursell, Elliott D.: Training Managers to Minimize Rating Errors in the Observation of Behavior. In: Journal of Applied Psychology, 60. Jg. 1975, H. 5, S. 550–555.

Lattmann, C.: Leistungsbeurteilung als Führungsmittel, Bern, 1975.

Lauer, H. und Zimmer, D.: Personalbedarf, Beschaffung und Entlohnung, Buchreihe: Arbeitstexte zur Betriebswirtschaft, Band 1.1, VWK-Verlag, Obertshausen bei Frankfurt 1976.

Leavitt, Harold J.: Managerial Psychology, 3. Aufl., Chicago – London 1973.

Lehrenkrauss, E. (1978): „Assessment Center" – eine notwendige Kritik, in: Personal (30) 1978, S. 150–152.

Lienert, G. A.: Testaufbau und Testanalyse, Weinheim 1969.

Lupton, Daniel E.: Assessing the Assessment Center. A Theroy Y Approach. In: Personnel, 50. Jg. 1973, H. 6, S. 15–22.

Maccoby, Eleanor E. u. Maccoby, Nathan: Das Interview: Ein Werkzeug der Sozial-forschung. In: Das Interview. Formen, Technik, Auswertung, 7. erg. Aufl., hrsg. von René König, Köln 1972, S. 37–85.

Maukisch, H.: Einführung in die Eignungsdiagnostik. In: Mayer, A. (Ed.): Organisa-tionspsychologie. Stuttgart: Poeschel, 1978, 105–136.

Mentzel, W.: Personalentwicklung, Freiburg 1980.

Mies, W. (1983): Beratung – Die ungenutzte Chance, in: Personalwirtschaft, H. 2 1983, S. 59–61.

Mitchell, James O.: Assessment center validity: A longitudinal study. Journal of Applied Psychology, 60. Jg. 1975, S. 573–579.

Mortsiefer, H.-J./Reske, W./Steiner, J. (1980): Betriebsgrößenbedingte Wettbe-werbsvorteile und Wettbewerbsnachteile mittelständischer Betriebe, Göttingen 1980.

Moses, Joseph L. u. Boehm, Virginia R.: Relationship of Assessment Center Performance to Management Progress of Women. In: Journal of Applied Psycho-logy, 60. Jg. 1975, H. 4, S. 527–529.

Moses, Joseph L. (1977 a): The Assessment Center Method, in: Moses, J. L./ Byham, W. C. (Hrsg.), Applying the Assessment Center Method, New York 1977, S. 3–12.

Moses, Joseph L. (1977 b): Appendix: Standards and Ethical Considerations for Assessment Center Operation, in: Moses, J. L./Byham W. C. (Hrsg.), Applying the Assessment Center Method, New York 1977, S. 303–309.

Moses, Joseph L. & Byham, William C. (Eds.): Applying the assessment center method. New York 1977.

Moses, Joseph L. (Chairman): Standards for ethical considerations for assessment center operations. In: Moses, J. L., & Byham, W. C. (Eds.): Applying the assess-ment center method. New York: Pergamon Press, 1977, 303–310.

Mummendey, H. D.: Methoden und Probleme der Kontrolle sozialer Erwünschtheit. Bielefelder Arbeiten zur Sozialpsychologie, 1980, No. 65.

National Labour Market Board (Ed.): Swedish Employment Policy, Annual Report. Stockholm: Editor, 1981.

Neubauer, R.: Die Assessment Center-Technik. Ein verhaltensorientierter Ansatz zur Führungskräfteauswahl. In: Neubauer, R., & Rosenstiel, L. v. (Eds.): Handbuch der Angewandten Psychologie. Bd. 1: Arbeit und Organisation, München: Moderne Industrie, 1980, 122–158.

Neubauer, R.: Assessment Center (AC): Ein Verfahren zur Führungskräfteauswahl, in: Schäkel, U./Thiede, J. D. (Hrsg.), (1981), Elemente der Personalentwicklung in der Diskussion – Bestandsaufnahme und Trends für die 80er Jahre, Düsseldorf 1981, S. 131–151.

Neubauer, R./Höfner, E./Waldschütz, S. (1978): Kompendium über Eignungsfest-stellungsverfahren für den öffentlichen Dienst, Baden-Baden 1978.

Neuberger, Oswald: Das Mitarbeitergespräch. München 1973.

Neuberger, Oswald: Führungsverhalten und Führungserfolg. Berlin: Duncker & Humblot, 1976.

Neuberger, Oswald: Rituelle Selbsttäuschung, Kritik der irrationalen Praxis der Personalbeurteilung. In: Probl. und Entscheidung, 23/1979, S. 58–103.

Nichols, L. C./Hudson, J. (1981): Dual Role Assessment Center: Selection and Development, in: PJ 1981, S. 380–386.

Opgenoorth, Werner P.: Die Messung der Anforderungen einer Führungsposition. In: Personalführung 1979, H. 11, S. 221–223.

Opgenoorth, Werner P. (1982): Assessment Center in der Praxis, In: Schuler, H./ Stehle, W. (Hrsg.), Psychologie in Wirtschaft und Verwaltung, Stuttgart 1982, S. 67–81.

Otto, K.-P. (1980): Assessment Center als Methode der Personalauswahl, hrsg. von der Zentrale für Fallstudien e. V., Köln 1980.

Paczensky, S. v.: Der Testknacker, Reinbek 1976.

Peters, J. (1982): Das Assessment Center als Personalförderungsinstrument, in: Personalwirtschaft, Heft 5, 1982, S. 8–9.

Porter, L. W., & Steers, R. M.: Organizational work and personalfactors in employee turnover and absenteism. Psychological Bulletin, 1973, 80, 151–176.

Post, Herbert u. Thom, Norbert: Zusammenhänge zwischen dem Betrieblichen Vorschlagswesen und betrieblicher Personalentwicklung. Ergebnisse einer Befragungsaktion. Arbeitspapier Nr. 11 des Seminars für Allgemeine Betriebswirtschaftslehre und Organisationslehre der Universität zu Köln. (1979). (2. Aufl., Köln 1983).

Pulver, U., Lang, A., & Schmidt, F. W.: Ist Psychodiagnostik verantwortbar? Bern: Huber, 1978.

Rackham, Neil u. Morgan, Terry: Behavior Analysis in Training, London 1977.

Raschke, H.: Taschenbuch für Bewerberauslese, Heidelberg 1977.

Rosenberg, M. J.: The Conditions and consequences of evaluation apprehension. In: Rosenthal, R., & Rosnow, R. (Eds.): Artifact in behavioural research. New York 1969, 279–349.

Rosenstiel, L. v./Molt, W./Rüttinger, B. (1983): Organisationspsychologie, 5. völlig neu bearbeitete Auflage, Stuttgart – Berlin – Köln – Mainz 1983.

Rosenstiel, L. v.: Grundlagen der Organisationspsychologie, Stuttgart 1980.

Sackett, P. R. (1981): A Critical Look at Some Common Beliefs About Assessment Centers, in PPM 1981, S. 140–147.

Sackett, P. R./Wilson, M. A. (1982): Facton affecting the consensus judgement process in managerial assessment centers, in: JAP (67) 1982, S. 10–17.

Sahm, A.: Neue Methoden zur Leistungsmotivation der Mitarbeiter, Kissing, 2. Aufl. 1980.

Scheuch, Erwin K.: Das Interview in der Sozialforschung. In: Handbuch der empirischen Sozialforschung, 3. umgearb. und erw. Aufl., Bd. 2, Grundlegende Methoden und Techniken der empirischen Sozialforschung, 1. Teil, hrsg. von René König, Stuttgart 1973, S. 66–190.

Schmitt, N., Gooding, R. Z., Noe, R. A. & Kirsch, M.: Metaanalyses of validity studies, published between 1964 and 1972 on the investigation of study characteristics. Personnel Psychology, 1984, 37, 407–422.

Schmitt, N., Noe, R. A., Meritt, R. & Fitzgerald, M. P.: Validity of assessment center ratings for the prediction of performance ratings and school climate of school administrators. Journal of Applied Psychology, 1974, 69, 199–206.

Schuck, M. (1983): Assessment Center als Instrument zur internen Personalführung, in: congena texte, Heft 3/4, 1983, S. 58–63.

Schuler, H.: Das Bild vom Mitarbeiter, 3. Aufl., Goch 1980.

Schuler, Heinz & Stehle Willi: Neuere Entwicklungen des Assessment-Center-Ansatzes – beurteilt unter dem Aspekt der sozialen Validität. In: Psychologie und

Praxis. Zeitschrift für Arbeits- und Organisationspsychologie, Neue Folge, 1. Jg. 1983, Heft 1, S. 33–44.

Schuler, Heinz, Stehle, Willi: (Hrsg.) Assessment Center als Methode der Personalentwicklung, Beiträge zur Organisationsentwicklung, Band 3 (1987).

Seiwert, L. J./Elser, F. (1984): Assessment Center = Gruppenbeobachtung: Eine sichere Methode bei der Personalauswahl und Mitarbeiterentwicklung, in: io (53) 1984, H. 2, S. 95–98.

Sektion Arbeits- und Betriebspsychologie im Berufsverband Deutscher Psychologen (Ed.): Grundsätze für die Anwendung psychologischer Eignungsuntersuchungen in Wirtschaft und Verwaltung, Duisburg: Editor, 1980.

Slevin, Dennis, P.: The Assessment Center. Breakthrough in Management Appraisal and Development. In: Personnel Journal, 51. Jg. 1972, H. 4, S. 255–261.

Slivinski, L./Bourgeois, R.: Feedback of assessment center results. In: Moses and Byham (1977), S. 143–183.

Slivinski, L., Yan, T., Richter, I., McDonald, V. u. Bourgeois, R.: Reactions to an Assessment Center. Hrsg. v. Managerial Assessment and Research Division, Personnel Psychology Centre, Canadian. Public Service Commission, o. O. 1977.

Slivinsky, L. W., & Bourgeois, R. P.: Feedback of assessment center results. In: Moses, J. L., & Byham, W. C. (Eds.): Applying the assessment center method. New York 1977, 143–161.

Springer, Philip u. Wagel, William, H.: New Models for Assessment Centers. In: Personnel, 55. Jg. 1978, H. 3, S. 40–42.

Stehle, B.: Das Assessment Center als Methode der Auswahl von Führungskräften. In: Schuler, H., & Stehle, W. (Eds.): Psychologie in Wirtschaft und Verwaltung – Praktische Erfahrungen mit organisationspsychologischen Konzepten. Stuttgart 1982, 49–66.

Stehle, Willi: Verfahren zur Auswahl von Führungskräften. In: Zfbf, 32. Jg. 1980, H. 1, S. 89–97.

Stehle, Willi u. Barthel, Erich: Lohnen sich psychologische Auswahlverfahren? In: Personalwirtschaft, 11. Jg. 1984, Heft 11, S. 381–386.

Steiner, Richard: New Use for Assessment Centers – Training Evaluation. In: Personnel Journal, 54. Jg. 1975, H. 4, S. 236–237 u. 248.

Stewart, Andrew M.: Assessment Center: Die Erfahrungen in Großbritannien. In: Dokumentation zum ersten Kongreß Assessment Center, hrsg. vom Arbeitskreis Assessment Center und der Deutschen Vereinigung zur Förderung der Weiterbildung von Führungskräften (Wuppertaler Kreis) e. V., Königstein/Ts. 1980, S. 33–53.

Stewart, Andrew M. u. Stewart, Valerie: Tomorrow's Managers Today. The Identification and Development of Management Potential. London 1976.

Stiefel, R.: Erfolgreiche Management-Schulung im Unternehmen, Koenigstein 1978.

Stoffer, E./Daun, M. (1979): Das Assessment Center: Ein Programm zur gezielten Auswahl und Entwicklung von Führungskräften im Unternehmen, in: Schäkel, U./ Thiede, J. D. (Hrsg.), Aktuelle Konzeptionen und Instrumente der betrieblichen Weiterbildung in der Diskussion, Düsseldorf 1979, S. 77–110.

Stoll, F.: Zur Abhängigkeit des Eignungsdiagnostikers und des Probanden: Lösungsvorschläge: In: Triebe, J. K., & Ulich, E. (Eds.): Beiträge zur Eignungsdiagnostik. Bern 1977, 203–213.

Strametz, Dieter u. Lometsch, Arndt: Leistungsbeurteilung in deutschen Unternehmen. Ein Wegweier für Beurteiler und Beurteilte. Königstein/Ts. 1977.

Strombach, M. E./Thom, N. (1982): Aspekte der Gestaltung beruflicher Weiterbildung von Führungskräften in Mittelbetrieben, Göttingen 1982.

Tedeschi, J. T. (Ed.): Impression management theory and social psychological research. New York 1981.

Thom, Norbert: Personalentwicklung als Instrument der Unternehmensführung. Konzeptionelle Grundlagen und empirische Studien. Stuttgart 1987.

Thom, Norbert u. Heitmeyer, Klaus: Assessment Center. In: Personalwirtschaft, 9. Jg. 1982, Heft 9.

Thornton, G. C. & Byham, W. C.: Assessment centers and managerial performance. New York: Academic Press, 1982.

Treichel, Peter: Die Ausbildungspraxis. Mitarbeiter erfolgreich führen und ausbilden.

von Cranach, Mario u. Frenz, Hans-Georg: Systematische Beobachtung. In: Handbuch der Psychologie, 1. Aufl., hrsg. von G. Gottschalk u. a., Göttingen 1969, S. 269–331.

von Eckardstein, Dudo u. Schnellinger, Franz: Betriebliche Personalpolitik, 3. überarbeitete und ergänzte Auflage, München 1978.

Wanous, J. P. (1980): Organizational Entry, Reading/Massachusetts u. a. O. 1980.

Wiesbaden 1976. Wollowick, H. B. & McNamara, W. J.: Relationships of the components of an assessment center to management success. Journal of Applied Psychology, 1969, 53, 348–352.

Wübbenhorst, K. L. (1982): Personalwesen, in: Pfohl, H.-Chr. (Hrsg.), Betriebswirtschaftslehre der Mittel- und Kleinbetriebe, Berlin 1982, S. 247–279.

Zimmer, D.: Die Ausbildung der Führungskräfte in Handelsbetrieben, Stuttgart 1974.

Zimmer, D.: Personalplanung und betriebliche Bildungspolitik. In: Der Verbraucher, 1973, Nr. 17, S. 8f.

Zimmer, D.: Unterweisung. In: Personal-Enzyklopädie, 3. Bd., München 1978.

Zimmer, D.: Ausbildungserfolgskontrolle. In: Personal-Enzyklopädie, Bd. 1, München 1978, S. 282–292 (Zimmer 1978 a).

Zimmer, D.: Das personale Element bei der Formulierung von Stellenbeschreibungen. In: Personal, 31. Jg., 1979, S. 182–185.

Zimmer, D.: Ein vielseitiges Instrument der Personalpolitik – Das Assessment Center im praktischen Einsatz. In: Blick durch die Wirtschaft, 8. April 1987, S. 7.

Stichwortverzeichnis

Der Autor

Dr. Arnold Kitzmann ist Diplom-Psychologe, Jahrgang 1943.
1971 erhielt er das Diplom in Psychologie an der Universität Münster.

Die anschließende Promotion erfolgte an der Universität Ulm.

In den Jahren 1973/74 war er Lehrbeauftragter an der Fachhochschule Münster.

Seit 1974 ist er selbständig und leitet das Management-Institut Dr. Kitzmann in Münster/Westf.

Vom Autor sind außerdem erschienen:

- Grundlagen der Personalentwicklung, München 1982 (gemeinsam mit Prof. Dr. Zimmer)

Der Autor veröffentlichte in Handbüchern und Fachzeitschriften über 50 Artikel, u. a. zu den Themen Assessment Center, Transaktionsanalyse, Persönliche Arbeitstechniken und Zeit-Management, Kommunikation für Führungskräfte, Gruppendynamik, Verhaltensstörungen im Betrieb, Themenzentrierte Interaktion.

Seit 1974 führt er Seminare zu folgenden Themen für Führungskräfte durch: Führungspsychologie, Rhetorik, Kommunikationstechniken, Pädagogische Psychologie, Transaktionsanalyse, Verkaufspsychologie, Arbeitstechniken, Assessment Center u. a.

Praxis⇨Führen und Entscheiden

Herausgegeben von Prof. Durniok, Prof. Seemann,
Prof. Lauer, Prof. Zimmer

Hans J. Schneider, Christine Rosette

Mitarbeiterbeteiligung

Zentraler Bestandteil des Partnerschaftsgedankens ist die materielle Mitarbeiter-Beteiligung, die Beteiligung der Mitarbeiter am Erfolg und/oder Kapital des arbeitgebenden Unternehmens. Die Mitarbeiter werden Kapitalgeber ihres arbeitgebenden Unternehmens und sind damit zusätzlich zum Arbeitsverhältnis noch kapitalmäßig mit dem Unternehmen verflochten. Eine Modellkonzeption, die sicherlich viele positive Aspekte mit sich bringt, jedoch auch Risiken birgt. Die sachliche Auseinandersetzung mit dieser „emotionalen" Thematik ermöglicht es, das Pro und Contra deutlicher zu erkennen und in der rationalen Urteilsfindung abzuwägen.

Das Ziel dieser Veröffentlichung ist es, den Leser sachlich über den Problembereich der Mitarbeiter-Beteiligung zu informieren, ihm die Möglichkeiten und Chancen partnerschaftlicher Betriebsgestaltung aufzuzeigen, ohne jedoch die Risiken zu übersehen.

130 Seiten, Best.Nr. 100430005, ISBN 3-87052-706-4
48,50 DM

Bayerische Verlagsanstalt Bamberg

ERFOLGREICHE FÜHRUNG IN WIRTSCHAFT UND VERWALTUNG

Herausgegeben von Eduard Gabele und Walter A. Oechsler

Schriftenreihe des Arbeitskreises für Wirtschaft und Verwaltung an der Universität Bamberg e.V.

Eduard Gabele, Hermann Liebel, Walter A. Oechsler

Führungsgrundsätze und Führungsmodelle

Führung ist eines der Probleme, die Wissenschaft und Praxis seit jeher beschäftigen. Die Problemkreise der Führung reichen dabei von den wertmäßigen Führungsgrundlagen in Unternehmen und Verwaltungen über die Einführung von Modellen der Organisation und Führung bis zur unmittelbaren zwischenmenschlichen Einwirkung im Rahmen von Personalführungsprozessen.

Das Buch beschäftigt sich mit:
- Führungs- und Unternehmungsgrundsätzen
- Ergebnissen führungstheoretischer Ansätze und Anwendungsmöglichkeiten von Führungsmodellen
- Verhaltensbeeinflussung in der Arbeitswelt

Die inhaltlichen Ausführungen stellen die einschlägigen theoretischen Arbeiten in knapper Form vor. Im Mittelpunkt stehen jedoch praktische Konzepte der Führung sowie empirische Ergebnisse der Führungsforschung. Eine vergleichende Betrachtung von Theorie und Praxis der Führung soll den Blick schärfen für die Auswahl geeigneter Führungsmodelle in Wirtschaft und Verwaltung sowie ihre wirksame Umsetzung erleichtern.

Band 1
128 Seiten, Best.Nr. 100420006, ISBN 3-87052-670-X
48,90 DM

Bayerische Verlagsanstalt Bamberg

ERFOLGREICHE FÜHRUNG
IN WIRTSCHAFT UND VERWALTUNG

Herausgegeben von Eduard Gabele und Walter A. Oechsler

Schriftenreihe des Arbeitskreises für Wirtschaft und Verwaltung
an der Universität Bamberg e.V.

Eduard Gabele (Hrsg.)

Märkte – Mitarbeiter – Management

Erfolgreiche Führung kleiner und mittlerer Unternehmen I

Das Buch beschäftigt sich mit aktuellen und grundlegenden Problemen kleiner und mittlerer Unternehmen, wie sie für Märkte, Mitarbeiter und Management heute typisch sind. Die behandelten Themen lauten:

- Märkte:
  - Prof. Dr. Hermann Freter:
    Marketing-Strategien im Mittelstand
  - Hartmuth-E. Kuhn:
    Voraussetzungen des Eintritts in neue Märkte der Gastronomie
- Mitarbeiter:
  - Prof. Dr. Gerhard Brinkmann / Dipl.-Vw. Barbara Knoth / Dr. Werner Krämer:
    Ausbildungsbedarf mittelständischer Unternehmen
  - Dr. Norbert Thom / Dipl.-Kfm. Manfred E. Strombach:
    Personalentwicklung in mittelständischen Unternehmen
  - Prof. Dr. Eduard Gabele:
    Werthaltungen von Führungskräften in kleinen und mittleren Unternehmen
- Management:
  - Prof. Dr. Werner Kirsch:
    Fingerspitzengefühl und Hemdsärmeligkeit bei der Planung im Mittelstand
  - Josef Schmidt:
    Planung im Mittelstand als Führungsinstrument
  - Prof. Dr. Erich Zahn:
    Konzepte der Krisenerkennung und Krisenvermeidung
  - Prof. Dr. Horst Steinmann / Dr. Brij Kumar / Dipl.-Kfm. Albert Wasner:
    Probleme der Internationalisierung deutscher Mittelbetriebe in Brasilien

Band 2
251 Seiten, Best.Nr. 100420007, ISBN 3-87052-671-8
48,90 DM

Bayerische Verlagsanstalt Bamberg